PATRICK VERNUCCIO

the Frenchie Gardener

Dein eigenes Gemüse & Obst
auf Balkon und Terrasse

Inhalt

DEIN PFLANZEN-GUIDE

Vorwort

„You may say I'm a dreamer, but I'm not the only one"

JOHN LENNON

Ich hätte nie gedacht, dass mich meine Leidenschaft Gärtnern eines Tages dazu führen würde, andere zu inspirieren und ein Buch zu schreiben, aber ich muss zugeben – in meinem Innersten habe ich davon geträumt.

Lassen wir Träume zu und gehen dem nach, was uns im Leben wirklich antreibt. Je mehr wir unserer wahren Bestimmung folgen, desto mehr erkennen wir, dass wir nicht allein sind mit unserem Traum. Leidenschaft verbindet Menschen auf verblüffende Weise, bewirkt wunderbare Begegnungen und lässt uns sogar wachsen und aufblühen.

Dieses Buch ist die Frucht langer Arbeit. Ich habe all meine Leidenschaft hineingesteckt, um dich, so hoffe ich, zu ermuntern, selbst Nahrungsmittel anzubauen, sogar auf winzigstem Raum. Heißen wir die Natur wieder in unseren Städten willkommen und stellen wir diese so notwendige Beziehung zu unserem Essen aufs Neue her! Die Welt wird sich nicht gleich von einem Tag auf den anderen ändern lassen, aber wir alle haben eine Funktion zu erfüllen: andere zu inspirieren und zukünftigen Generationen etwas beizubringen.

Ich widme dieses Buch allen Träumern und allen inspirierenden und kreativen Seelen überall auf unserem wunderschönen Planeten. Louis de Funès, diesem einzigartigen französischen Schauspieler und wahren Pionier des ökologischen Gärtnerns. Verena Mayer von der Süddeutschen und Robin Schmidt von der Berliner Zeitung – danke für eure schönen Artikel. Sabine Gudath – danke für die tollen Fotos und all den Spaß auf dieser kreativen Reise. Anja für ihre stets positive Unterstützung und wertvolle Hilfe auf meinem Gartenbalkon. Meiner wunderbaren Partnerin Junika – danke, dass du mich dabei unterstützt, an meiner Leidenschaft zu wachsen und meinen Träumen zu folgen. Für unseren geliebten Hund Cosmo: Danke, dass du uns das Leben gelehrt hast.

the FRENCHIE
GARDENER

THE
Frenchie Gardener
SPREADING GREEN LOVE

Wie ich zum Gärtnern kam:

DIE GESCHICHTE MEINER REISE

Ich sehe, du liest diese Zeilen – zunächst einmal herzlichen Dank dafür. Dies ist mein erstes Buch, und tatsächlich bin ich ein wenig aufgeregt. Ich verspreche dir, mein Bestes zu geben, um die Reise so angenehm und nützlich wie möglich werden zu lassen. Auf dass auch du bald Teil der glücklichen Gemeinschaft sein mögest, die auf der ganzen Welt ökologisches Urban Gardening betreibt. Wenn du dieses Buch in Händen hältst, bedeutet das vielleicht, dass du es bereits gekauft hast, weil du wirklich dein eigenes Essen auf dem Balkon anbauen möchtest. Oder aber du bist in einer Buchhandlung oder Bibliothek auf das Buch gestoßen und zögerst vielleicht noch, es mit nach Hause zu nehmen – unschlüssig, ob du mit dem Gärtnern anfangen sollst, oder einfach nur unsicher, was das Buch an sich angeht. Egal, welchen Grund du hast – lass dir auf alle Fälle Zeit!

Zunächst möchte ich mich vorstellen. Ich heiße Patrick, bin 39 und in Frankreich geboren und aufgewachsen. Zeit meines Lebens wohnte ich in Städten wie Paris, Amsterdam und jetzt Berlin. Vermutlich genau wie du wusste ich nicht viel über die Natur, mal abgesehen von ein paar seligen Wochenendausflügen aufs französische Land, wo meine geliebten Großeltern mir beibrachten, dass frische, leckere, ökologisch hergestellte und auf regionalen Märkten angebotene Lebensmittel ein ganz besonderer Genuss sind.

Mir wurde plötzlich bewusst, dass ich als eingefleischte Stadtpflanze diese Beziehung zur Natur nie vertieft habe, weil das Leben in der Großstadt oft mit viel Stress und Arbeit verbunden ist. Wir müssen so vieles vorhersehen, z. B., wie lange wir von A nach B brauchen, und wir müssen uns oft schnell entscheiden, wenn wir in einem Geschäft oder wo auch immer sind. Wir spüren ganz klar diesen Drang und den sozialen Druck, immer schnell zu handeln.

Es ist nicht unsere Schuld, es ist einfach so. Und vor allem ist es unsere eigene Entscheidung, in der Stadt zu leben, daher sollten wir versuchen, das Beste daraus zu machen. Mit diesem Buch möchte ich dir zeigen, wie du – selbst wenn du in einer hektischen städtischen Umgebung aus Beton lebst – diese notwendige, aber oft gekappte Beziehung zur Natur und zu den Nahrungsmitteln durch urbanes Gärtnern wiederentdecken und erneut herstellen kannst. Du brauchst nicht mal einen Garten dazu. Ein kleines bisschen Platz im städtischen Raum reicht schon aus, um gesunde Nahrungsmittel in Bioqualität zu kultivieren.

Das Abenteuer Urban Gardening begann für mich rein zufällig und ohne jegliche Vorkenntnisse. Ich war der festen Überzeugung, Gärtnern sei nichts für mich aufgrund „traumatischer“ Erlebnisse in der Vergangenheit. Ich hatte es doch tatsächlich fertiggebracht, einen Kaktus, den mir meine Tante während ihres Urlaubs anvertraut hatte, in nur wenigen Wochen umzubringen (mein liebes Tantchen, es tut mir immer noch von Herzen leid!). Die meisten meiner Zimmerpflanzen haben nie lange überlebt, und auch das Basilikum im Topf, das ich im Supermarkt kaufte, ging nach ein paar Tagen immer ein. Wie konnte ich also nur eine Minute lang annehmen, ich sei für das Gärtnern geschaffen? Welche Anmaßung!

Ich war auf der Suche nach Blumen für Balkon und Fensterbrett, wie man das im Frühjahr eben so macht, und fuhr also zum Gartenmarkt. Am Eingang stand ein riesiges Regal voller Radieschen-, Blattsalat- und Tomatensamen, das meine Aufmerksamkeit erregte. Voller Neid, aber auch voller Skepsis grübelte ich. Sollte ich jetzt, wo meine Wohnung in Amsterdam eine Terrasse hat, nicht doch einmal einen Versuch wagen? Aber ich zweifelte an mir selbst. Ich hatte keinerlei Erfahrung und war auch nicht unbedingt der Geduldigste. Ich hatte mir immer das Etikett „kein grüner Daumen“ auf die Stirn geklebt. In meinem ganzen Leben hatte ich noch keinen einzigen Samen in die Erde gesteckt, vor meinem inneren Auge sah ich bereits zukünftige Misserfolge … Außerdem stellte ich mir die Frage, warum ich Salat oder Radieschen anbauen sollte, die sowieso niemals so schön aussehen würden wie die, die es im Laden gibt. Würde das alles nicht bloß auf reine Zeit- und Geldverschwendung hinauslaufen?

Aber als Stadtbewohner auf Einkaufstour hatte ich diesen Kaufimpuls (mit Sicherheit der beste meines Lebens!) und griff zu – holte Erde, Töpfe und Samen. Auf dem Heimweg hielt ich mich für ziemlich unbedarft. Ich hatte nicht die geringste Ahnung, womit ich anfangen sollte, und ich fragte mich ernsthaft, warum wir so etwas eigentlich nicht in der Schule lernen. Für uns als Menschen sollte der Anbau der eigenen Nahrungmittel als wesentlicher Teil zur Grundbildung gehören.

Ich sah mir also diese Samenpäckchen an, und dabei schwirrten mir ziemlich viele Fragen durch den Kopf. Wird dieser winzig kleine Salatsamen einen richtig großen Salatkopf hervorbringen? Wird dieser Radieschensamen mir ein ganzes Bund Radieschen

bescheren? Ja, damals war mir noch nicht einmal bewusst, dass Radieschen nicht in dichten Büscheln wachsen, sondern einzeln in der Erde gedeihen wie Möhren. Sorry, bis dahin hatte ich Radieschen nur als Bündel im Laden gesehen. Wie das Gemüse vor der Ernte aussieht, wie es im Beet wächst, davon hatte ich gar keine Vorstellung.

Natürlich wollte ich von Anfang an komplett ökologisch vorgehen und ohne jegliche Pestizide und künstliche Düngemittel auskommen. Warum auch sollte ich mich mutwillig vergiften wollen? Nachdem ich ein paar grundlegende Informationen im Internet nachgelesen hatte, wagte ich einen Versuch – und das Wunder geschah! Bereits nach wenigen Tagen keimten einige meiner Salatsamen, und ich sah einen zarten Stiel und erste kleine Blättchen! Was für ein Triumph! Ich lege einen Samen in die Erde, er geht auf, ich hab's geschafft! Ich war so ergriffen, als hätte ich gerade das Feuer erfunden ... Dieser erste kleine Erfolg spornte mich an und schürte meine Neugier, weitere Gemüsesorten zu ziehen und durch *trial & error* noch viel mehr über die Natur zu lernen.

Mit diesem Buch möchte ich nun all mein bescheidenes Wissen mit dir teilen und dir Schritt für Schritt zeigen und leicht verständlich erklären, wie du dein urbanes Umfeld in einen wunderschönen bunten Dschungel verwandelst – in eine Oase, die zu deinem persönlichen kleinen Paradies wird. Ein Paradies, das dich zudem hoffentlich mit allerlei aromatischem und ökologisch unbedenklichem Gemüse und Obst versorgt.

Du wirst nicht nur viel Interessantes über die Grundprinzipien des Gärtnerns in städtischer Umgebung erfahren. Ich vermittle dir überdies auch detaillierte Informationen über die einzelnen Obst- und Gemüsesorten, die du in bester Bioqualität in Töpfen, Blumenkästen und Anzuchttischen auf deinem Balkon oder deiner Terrasse ziehen kannst. Glaub mir, es ist möglich, es ist machbar, und sogar noch mehr als das: Es ist überhaupt nicht schwer! Denn ja, wir alle haben einen grünen Daumen! Wir müssen ihn nur noch zum Wachsen bringen!

french touch

URBAN GARDENING

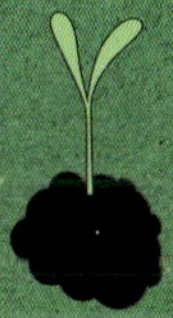

könnte dein Leben verändern

Wir alle verfügen über
EINEN GRÜNEN DAUMEN

Archäologische Funde haben bestätigt, dass der neolithische Bauer Weizen- oder Grasarten anbaute, Getreidekörner an Vieh verfütterte und Mist sammelte, um die Felder zu düngen und damit den Ertrag zu erhöhen. Die ersten Ackerbauern dieser Erde tauchten vor 11.000 Jahren auf. Die Wucht, mit der sich dieser Schritt auf Gesellschaft und Evolution auswirkte, kann gar nicht hoch genug bewertet werden. Der Ackerbau führte unmittelbar dazu, dass sich die Lebensweise von nomadisch zu sesshaft verschob. Er ermöglichte, dass sich die Menschen niederließen, denn nur wenn genügend Lebensmittel sicher verfügbar sind, können sich gesellschaftliche Aktivitäten entwickeln, ohne täglich auf Nahrungssuche gehen zu müssen. Der bewusste Anbau unserer Nahrung war ein einschneidender, ja DER alles verändernde Schritt bei der Entstehung unserer Zivilisation.

Aufgrund der weltweit explodierenden Bevölkerungszahlen und der damit verbundenen hohen Nachfrage werden unsere Landwirte heutzutage von der Nahrungsmittelindustrie listig geleitet und kräftig kontrolliert. Sie zwingt ihnen Normen, Verordnungen und industrielle Produktionsvorgaben auf, die die Produktion zwar erhöhen, aber mit ungesunden Praktiken einhergehen. Seien wir realistisch: Die meisten unserer Landwirte gehen an diesem System der Lebensmittelindustrie zugrunde. Wir haben ein Grundrecht und das Monopol auf den Anbau von Nahrungsmitteln aus der Hand gegeben – an eben jene Nahrungsmittelindustrie. Wie zum Beweis ist der Anbau von Nahrung in manchen Ländern nicht einmal mehr Thema in der Schule. Wir hatten im Biologieunterricht zwar die Reproduktion von Pflanzen behandelt, doch das fand ich persönlich nicht sonderlich interessant. Der Stoff war zu theoretisch, und die behandelten Arten erschienen mir unattraktiv. Da ich in der Stadt geboren und aufgewachsen bin, war aber das Fach Biologie der einzige Berührungspunkt mit der Natur.

Ich wundere mich eigentlich darüber, dass man uns nicht als Grundbildung beibringt, wie man Nahrung anbaut, und das bringt mich zu einer wichtigen Frage: Kann es sein, dass unsere Gesellschaft gar nicht möchte, dass wir wissen, wie wir unser Essen selbst anbauen könnten, weil wir dann weniger kaufen würden? Sollte diese Annahme zutreffen, müssen wir uns dieses Grundrecht zurückholen. Lebensmittel anzubauen und überhaupt erst zu verstehen, wie sie wachsen, ist unerlässlich, um eine tiefere Verbindung und eine Beziehung zu ihnen aufzubauen und vor allem mehr Respekt für das Essen auf unserem Teller zu zeigen.

Wer Pflanzen pflegt, bekommt schnell den Stempel mit dem grünen Daumen aufgedrückt. Und viele von uns würden sich eher einen „schwarzen Daumen“ zuschreiben, weil ihnen schon viele Pflanzen eingegangen sind. In Wahrheit haben wir aber alle einen grünen Daumen, er ist Teil unserer angestammten uralten Traditionen. Wir alle besitzen genügend Wissen und die Fähigkeit, unser Essen selbst anzubauen.

Lassen wir uns also von Misserfolgen nicht verunsichern, ich will auch erklären, warum. Nehmen wir das Beispiel mit dem Basilikum: Erstens sind die meisten Basilikumsorten einjährig, und in unseren Breiten ist es ihnen schnell zu kalt. Die Pflanze lebt also immer nur ein Jahr und stirbt noch im selben ab. Das hat nichts mit uns und unseren Gartenkünsten zu tun, es ist einfach ihr natürlicher Lebenszyklus. Zweitens ist das im Supermarkt gekaufte Topfbasilikum nicht dafür gedacht, lange zu überdauern oder gar weiterzuwachsen. Es wurde schnell hochgezogen, um verkauft und verbraucht zu werden. Drittens hast vermutlich auch du schon – genau wie ich – versucht, es nach draußen in den Blumenkasten vor dem Fenster umzutopfen, nicht wissend, dass neue Blumenerde im Schnitt nur für sechs Wochen Nährstoffe enthält. Danach muss gedüngt werden. Und nein, das bisschen Wein und die paar Zigarettenkippen, die in einer Partynacht dort im Topf gelandet sind, gehen nicht als Dünger durch.

Da uns niemand beigebracht hat, wie man die eigene Nahrung anbaut und sich des grünen Daumens bedient, den wir alle haben, ist es völlig normal, dass wir grundlegende Fehler machen. Wir brauchen nur ein paar einfache Grundprinzipien zu verstehen und etwas Übung, schon können wir das Potenzial, das uns unser grüner Daumen beschert, voll auskosten. In welcher Jahreszeit wächst was am besten? Wie erhalte ich die Erde in meinem Blumenkasten auf dem Fensterbrett gesund und nährstoffreich? Welchen Platz benötigt eine bestimmte Gemüse- oder Obstsorte, um sich gut zu entwickeln und Früchte zu tragen? Braucht diese Pflanze viel Sonne oder viel Wasser?

Die gute Nachricht: Es ist nie zu spät! Mit ein paar wenigen grundlegenden Kenntnissen und durch unsere Praxis lernen wir sehr schnell, dass wir nahezu alles anbauen können – selbst auf einem kleinen Balkon. Die Natur ist ein wunderbarer Lehrer. Wer gut beobachtet und sich ihrem Rhythmus anpasst, wird schon bald seinen grünen Daumen voll entfalten!

Vom Oberflächlichen

ZURÜCK ZUM WESENTLICHEN

Die Covid-19-Krise stellte weltweit eine extreme Herausforderung für Länder und Volkswirtschaften, insbesondere aber für uns als Individuen dar. Positiv betrachtet weckte diese Krise jedoch das Bewusstsein für unseren Lebensstil und enthüllte unser ungesundes Konsumverhalten. Sie führte schließlich zu der Erkenntnis, dass es dringend notwendig sei, für mehr Nachhaltigkeit auf unserem Planeten zu sorgen.

So nutzten viele Menschen die freie Zeit, die ihnen durch die Kurzarbeit während der Pandemie aufgezwungen worden war, und begannen plötzlich damit, etwas mit den eigenen Händen zu schaffen. Sie verspürten das Bedürfnis, zu ihren Wurzeln zurückzukehren, *back to nature* sozusagen. Viele von ihnen wollten auf einmal mit dem Gärtnern anfangen, um eine tiefere Beziehung zum Essen auf ihrem Teller aufzubauen. Dieses Verhältnis zu unseren Nahrungsmitteln ist sehr wichtig, denn schließlich ist es unsere Ernährung, die uns am Leben und gesund erhält. Im Zuge dessen kamen Fragen auf: Woher stammt das Gemüse, das ich im Supermarkt kaufe? Wie wächst es eigentlich? Wie kann ich selbst Gemüse, das ich verzehre, ökologisch verträglich anbauen? Und wie kann ich mich nachhaltiger und respektvoller gegenüber unserer wunderbaren Natur verhalten?

All diese Fragen führen zu einer gesünderen Art zu denken, zu handeln und zu konsumieren, denn ja, wir haben es in der Hand, die Nachfrage, die wir selbst erzeugen, auch zu steuern und zu beeinflussen. Letztendlich liegt es in unserer Verantwortung als Bürgerinnen und Bürger, unseren Konsum positiv zu verändern und nicht länger zu ertragen, was die Nahrungsmittelindustrie uns seit Jahren aufzwingt.

Wir haben die Wahl und die Macht, den Wandel herbeizuführen, denn wenn niemand all die für unsere Umwelt schädlichen Produkte kauft, gibt es auch keine Nachfrage mehr danach. Die Konzerne werden letztendlich ihr Geschäftsmodell überdenken müssen. Und wenn wir uns so umschauen, bemerken wir, dass ein gewisser Wandel bereits im Gange ist. Nun werden vielleicht nicht gleich ganze Geschäftsmodelle über den Haufen geworfen, schon gar nicht aus innerer Überzeugung, sondern weil man in der Kundenmeinung gut dastehen will. Eine Marke ist nichts ohne ihre öffentliche Wahrnehmung. Wir sind diese Kundenmeinung! Und so haben wir tatsächlich eine kollektive Einflussmöglichkeit. Der Trend zu regionalen und saisonalen Lebensmitteln nimmt gerade Fahrt auf, wir sollten auf diesen Zug aufspringen und mitmachen! Und ja – dein Balkon ist definitiv regional!

Jedem Samen

WOHNT EIN ZAUBER INNE

Vielleicht hast du noch nie in deinem Leben einen Samen in die Erde gelegt – kein Vorwurf, ich selbst habe 36 Jahre damit gewartet. Aber alles hat seine Zeit, und Samen selbst auszusäen ist ein einzigartiges Abenteuer. Du kannst bestimmen, wie und wann es losgeht (immer mit sehr großen Erwartungen), aber du kannst nie wissen, wie es endet – gerade das ist aber das Schöne daran. Einen Samen in gesunde Erde zu legen ist beinahe so etwas wie die Schöpfung – wir erschaffen eine Pflanze, ein lebendiges Wesen! Das gehört zu unserem natürlichen Ökosystem, und du bist der Mensch, der diesen wunderbaren Prozess initiiert. Es gibt so viele verschiedene Samen, ganz winzige wie die von Kopfsalat oder Tomaten, aber auch größere wie die von Zucchini oder Gurken. Die Größe spielt keine Rolle. Aus einem winzig kleinen Samenkorn kann eine stattliche Pflanze werden, die

Möchtest du Salatsamen gewinnen, lass einfach eine Pflanze stehen, bis sie blüht und Samen ausbildet. Nach der Reifung brauchst du sie nur noch einzusammeln.

monatelang oder mitunter sogar jahrelang wächst und uns viel Grün, viel Freude, aber auch ein riesiges Erfolgserlebnis beschert. Wenn du dir eines Tages diese eine Erdbeerpflanze ansiehst, die dir dann mehrere Jahre lang gesunde Früchte geschenkt haben wird, dann wirst du sicherlich gern daran zurückdenken, wie du diesen winzigen Samen mit den eigenen Händen in die Erde gelegt hast!

Doch hier hört der Zauber noch lange nicht auf, denn aus dem einen Samenkorn werden wiederum Hunderte neuer Samenkörner derselben Pflanzenart. Überall um uns herum in der Natur vermehren sich Blumen, Sträucher und Bäume immer und immer wieder, indem sie ihre Samen mit der sanften Hilfe des Windes und unzähliger kleiner Helfer aus dem Tierreich verbreiten.

Praktisches Beispiel gefällig? Bitte schön, der Kopfsalat: Wenn du acht Salatsamen in einen Pflanzkasten setzt, sieben Salatköpfe erntest und auffutterst (köstlich, selbst gezogen und ökologisch, das schmeckst du!) und nur einen stehen lässt, wächst dieser eine weiter. Sobald es warm ist und die Sonne scheint, wird dieser Salatkopf Blüten treiben, und die Blüten werden – ja, richtig! – dich mit neuen Samen beschenken. Mit Hunderten Samen, um genau zu sein, sodass du erneut diesen schmackhaften, knackigen Blattsalat aussäen kannst! Das ist der wunderbare Kreislauf der Natur: Aus einem winzig kleinen Samenkorn können Hunderte werden, sodass du nie wieder Salatsamen dieser Sorte zu kaufen brauchst.

Als ich mir dessen bewusst wurde, habe ich mich gefragt, warum eigentlich immer und immer wieder Saatgut gekauft wird. Wie kann der Verkauf von Sämereien überhaupt ein profitables Geschäftsmodell sein, wenn man doch so leicht selbst Samen sammeln und vermehren kann? Und dann entdeckte ich den Unterschied zwischen samenfesten alten Sorten und Hybridzüchtungen. Es ist ein himmelweiter Unterschied, welche Kategorie von Samen du kaufst und pflanzt!

Hybridsaatgut vs. samenfest –

GESCHÄFT VS. NATUR

Hybridsamen entstehen aus der Kreuzung mehrerer Sorten, man erkennt sie meist am Zusatz „F1“ neben dem Namen der Sorte auf dem Samenpäckchen. Um dir auf einfache Weise zu erklären, wie Hybridsorten gezüchtet werden, nehmen wir mal drei Tomatensorten an – Sorte A, die besonders resistent gegen Krankheiten und Schädlinge ist, Sorte B, die besonders haltbare Früchte hervorbringt, und Sorte C, die mit einem besonders hohen Ertrag aufwartet. Diese drei Sorten nebst ihren hervorstechenden Eigenschaften werden nun durch Kreuzung zu einer Hybridsorte kombiniert, die zum Superstar unter den Tomaten wird, da sie besser, schneller und schöner wächst. Viele andere wichtige Faktoren werden dadurch aber verdeckt oder überlagert, und leider ist ein sehr großer Teil des Saatguts, das für unsere Ernährung verwendet wird, inzwischen Hybridsaatgut.

Bei Hybridsamen ist der natürliche Prozess, bei dem sich wieder und wieder fruchtbare Samen derselben Sorte herausbilden, unterbrochen. Hybridsorten produzieren zwar auch Samen, sind aber nicht samenfest. Das bedeutet, dass die nächste Generation nicht derselben (Hybrid-)Sorte entspricht, da sich die Merkmale der Elterngenerationen wieder vermischen. Die positiven Eigenschaften, die zur Zucht der Hybride geführt und den „Superstar“ unter den Tomaten ausgemacht haben, sind wieder verschwunden. So entsteht eine zweite Hybridgeneration. Bei dieser kommen zwar bestimmte Merkmale von Sorte A und/oder B und/oder C vor, doch die sind eher zufällig zusammengewürfelt, geschwächt und fast nie in der ursprünglich gewollten „perfekten“ Ausprägung vorhanden, für die man mit dem Kauf des F1-Hybridsamens bezahlt hat. Um dieselbe Superstar-Sorte aussäen zu können, hast du also – Überraschung! – keine andere Wahl, als wieder in den Laden zu tigern und erneut die tollen Hybridsamen zu kaufen.

Als ich das begriff, wurde mir klar, wieso die Saatgutherstellung zu einem dermaßen florierenden Geschäft werden konnte, initiiert von der Lebensmittelindustrie. Diese hat ein hybrides System geschaffen, das uns dazu zwingt, immer und immer wieder neue Samen zu kaufen, während die Natur mit ihren alten, samenfesten Arten und Sorten Hunderte von Samen kostenlos anbietet. Dass sich Hybridsaatgut verheerend auf die Artenvielfalt auswirkt, versteht sich dabei von selbst.

Nun, da die Nachfrage nach Hybridsamen auf dem Saatgutmarkt erst einmal geweckt ist, können wir im Gartenmarkt nur noch diese Hybridsorten im Regal finden. Warum?

Links: Die samenfeste Tomatensorte 'Indigo Rose' reift in spektakulären Farben: Außen schimmert sie dunkelviolett und schwarz, innen bleibt sie rot.

Weil die mächtigen Hybridsaatgutproduzenten sehr geschickt einen monopolistischen Markt aufgebaut haben und ihn bestimmen. In Frankreich z. B. haben sie einfach einen offiziell gültigen und behördlich verfügten Katalog veranlasst, in dem das für den kommerziellen Handel zugelassene Saatgut aufgelistet ist. Mit Sämereien, die nicht im „offiziellen" Katalog auftauchen oder erwähnt werden, darf schlicht und einfach nicht gehandelt werden. Samenfeste, alte Sorten spielen in diesem Katalog nur eine sehr, sehr untergeordnete Rolle, während Hybridsamen überrepräsentiert sind. So wurden Handelsgesellschaften oder Bauern, die alte, samenfeste Sorten vertreiben, einfach und ganz bewusst zu Gesetzesbrechern gestempelt. Seit Juni 2020 soll in Frankreich der Verkauf von Saatgut samenfester, alter Sorten an Hobbygärtner endlich wieder erlaubt sein, was Hoffnungen schürt.

Die EU hat diesem Gesetz jedoch noch immer nicht zugestimmt – traurig, aber wahr. Es scheint, als verfügten Lobbyisten leider immer noch über sehr großen Einfluss. Möge dieser Einfluss verschwinden, damit die naturgegebenen alten und samenfesten Sorten wieder sprießen können, denn sie sind der Schlüssel zum Erhalt der faszinierenden Biodiversität auf unserer Erde.

Allein bei den Tomaten gibt es weltweit über 3.000 samenfeste Sorten, die aktiv angebaut werden, und mehr als 15.000 bekannte Sorten überhaupt. Das ist das Schöne an diesen Samen, sie sind unser Erbe – die verschiedensten uralten Sorten, alle unterschiedlich in Form, Größe, Farbe und Geschmack. Wenn also jemand sagt, etwas zu säen sei eine wahrhaft faszinierende und wunderbare Erfahrung, so ist das völlig richtig. Noch richtiger wäre es, wenn dieser Jemand keinen Hybridsamen verwendete. Ein winziges Samenkorn einer samenfesten, alten Sorte bringt essbares Gemüse oder Obst hervor und erzeugt wieder neue Samen, die sich fürs nächste Mal oder die nächsten Jahre sammeln und wieder aussäen lassen.

Ich hoffe sehr, mit diesen Informationen das Verlangen in dir geweckt zu haben, es mir gleichzutun und ebenfalls diese wunderbaren alten, samenfesten Sorten in deinem urbanen Gartenreich zu ziehen. So kannst du aktiv zu jener wundervollen Artenvielfalt beitragen, die die Natur bereithält.

„Es ist höchste Zeit,
wieder mit der
Natur und dem
Essen auf unserem
Teller in Verbindung
zu treten.“

Härter, stärker,

SCHNELLER – BESSER?

Da die Weltbevölkerung weiterhin recht schnell wächst, dehnen sich die Städte immer mehr aus, nicht nur hinsichtlich der Größe, sondern auch der Bevölkerungsdichte. Die Weltbevölkerung hat über zwei Millionen Jahre gebraucht, um auf eine Milliarde zu kommen, und gerade einmal weitere 200 Jahre, um auf bald acht Milliarden anzuwachsen. 55 Prozent der Weltbevölkerung leben derzeit in Städten, 2050 werden es 68 Prozent sein[1]. Diese Zahl ist beeindruckend und beängstigend zugleich, da mehr als zwei Drittel der Weltbevölkerung in städtischen Gebieten leben werden und unsere ländlichen Gebiete schrumpfen.

Das Dasein in der Großstadt geht mit einer hohen Dosis an Stress in einer sehr schnelllebigen Umgebung einher, in der wir immer sehr flott Entscheidungen treffen müssen. Erschöpft vom harten Arbeitstag wollen wir eilig nach Hause und springen nur noch rasch in einen Laden, um uns mit Nahrung zu versorgen. Also schnappen wir uns einen Einkaufswagen und packen industriell verarbeitete, leicht und schnell zuzubereitende Lebensmittel hinein, erkaufen uns aber auch ein gutes Gewissen, indem wir zu „frischem“ Gemüse greifen, das ach so toll und makellos aussieht. Aber nehmen wir uns die Zeit zu fragen, woher das Essen stammt? Welchen weiten Weg mussten die abgepackten Tomaten zurücklegen? Wie ist die Tomate eigentlich gewachsen und wurde sie wirklich ohne Pestizide erzeugt? Ist denn jetzt überhaupt die richtige Jahreszeit, um Tomaten zu essen? Wann ist denn die richtige Jahreszeit für den Tomatenanbau?

Genau das ist der springende Punkt, der uns Sorgen machen sollte: Indem wir den Bezug zur Natur verlieren, verlieren wir auch den Bezug zu den Jahreszeiten. Wir sind es gewohnt, alles zu jeder Zeit zu bekommen, was zu einem Denken führt, das Quantität über Qualität stellt, verschärft durch eine Kultur des Scheins statt des inneren Werts.

Die Nahrungsmittelindustrie muss mehr und schneller produzieren, aber auch Produkte anbieten, die sich viel länger halten, sodass sie auch nach vielen Stunden und Hunderten von Kilometern Transportweg im Supermarktregal noch immer makellos aussehen. Dies führt zur Verwendung gentechnisch veränderter Organismen und eben zu jenem massiven Einsatz von Hybridsaatgut. Wie gesagt, dieser Hybridtomatensamen bringt

1 Prognosen zur Weltbevölkerung der Vereinten Nationen, 2018, herausgegeben von der Population Division of the United Nations Department of Economic and Social Affairs (UN DESA)

Tomaten, die wir im Supermarkt kaufen, werden in riesigen Gewächshäusern gezogen.

eine Tomatenpflanze hervor, die besser, schneller und stärker wächst, die resistenter gegen Schädlinge ist und sich auch noch länger hält – die „perfekte" Tomate, glänzend rot und wohlgerundet. Auf den ersten Blick hat sie im Grunde keinerlei Makel. Übrigens gibt es mittlerweile neue Methoden, Tomaten zu kultivieren, und zwar völlig ohne Erde. Das klingt nach Zukunftsmusik, doch tatsächlich wachsen viele Tomaten heute gänzlich ohne Erde in den Gewächshäusern heran, ihre Wurzeln werden nur noch mit einer Nährlösung besprüht.

Klingt doch vernünftig, oder? Klar, Technologien helfen uns, mehr zu produzieren, um die Nachfrage der wachsenden Bevölkerung zu decken. Aber was steckt in diesem technisch produzierten Gemüse und Obst wirklich drin?

Immer mehr Nahrungsmittel, aber

IMMER WENIGER NÄHRSTOFFE?

Einige alarmierende Fakten: In nur 60 Jahren haben Tomaten ganze 59 Prozent ihres Vitamin-C-Gehalts eingebüßt[2], ein Apfel enthält heute gerade einmal ein Hundertstel, sprich 1 Prozent des Vitamin C, das er vor 50 Jahren enthielt[3], Apfelsinen haben drastisch an Vitamin A verloren. Vor 50 Jahren genügte eine einzige Orange, um unseren Tagesbedarf an Vitamin A zu decken. Heute müssten wir dazu 21 Orangen essen! Auch Kartoffeln enthalten heute kaum noch Vitamin A. Brokkoli ist ja so gesund, nicht wahr? Allerdings weist er heute verglichen mit früher nur noch ein Viertel des Kalziums und ein Sechstel des Eisens auf. Von 25 untersuchten Gemüsesorten hatten 80 Prozent an Eisen und Kalzium eingebüßt.

Eine Reihe von Studien, darunter eine von Dr. Alan Greene namens „Still no free lunch"[4], hat den erschreckenden Rückgang an Mikronährstoffen analysiert. Dieser hängt möglicherweise mit der Art und Weise zusammen, wie Nahrungsmittel heute angebaut werden, aber auch damit, dass die Lebensmittelindustrie bestimmte Sorten favorisiert und Hybriden züchtet, die schneller wachsen, schöner aussehen, sich besser halten, aber leider wohl auch sehr viel weniger Mikronährstoffe enthalten.

Natürlich findet man auch andere Studien, die das Gegenteil behaupten oder argumentieren, vor 60 Jahren habe man die Nährstoffe nicht so genau messen können wie heute, oder ein Vergleich sei nicht möglich, weil die Analyse nicht unter ähnlichen Bedingungen

Selbst angebautes, ökologisches Gemüse aus sortenreinen alten Samen bringt dir garantiert viele wichtige Vitamine auf den Teller.

„Wir produzieren und essen mehr, wir essen schöner, aber was wir essen, ist definitiv gehaltloser und leerer.“

oder an ähnlichen Sorten erfolgt sei. So kann man es auch sehen, aber was am wichtigsten ist: Wir alle haben die Möglichkeit, frei zu urteilen, wir haben das Recht auf eine eigene Meinung. Ich persönlich tendiere eher dazu, den Studien zu vertrauen, die auf den Rückgang an Mikronährstoffen hinweisen. Mir leuchtet nicht ein, dass sich Qualität und Geschmack von Lebensmitteln oder die Sortenvielfalt verbessern ließen durch den Einsatz von Hybriden, die unsere Biodiversität bedrohen, oder von Pestiziden, die dem Boden und unserer Gesundheit schaden. Ihr Zweck ist schlicht und einfach die Steigerung der Quantität – durch schnellere Produktion soll die wachsende globale Nachfrage befriedigt werden.

Unsere Weltbevölkerung wächst in der Tat erstaunlich schnell, und es besteht ganz offensichtlich der Bedarf, unsere Lebensmittel effizienter zu produzieren. Aber bedeutet das gleichzeitig auch, dass wir diese Lebensmittel mit weniger Skrupel oder weniger Respekt unserer Umwelt gegenüber erzeugen müssen? Wir stehen an einem entscheidenden Wendepunkt, um unseren Planeten und die biologische Vielfalt zu retten. Geld, Gewinn und pure Masse sollten für unseren weiteren Weg nicht die einzigen Währungen sein. Viel besser wäre es, wenn wir auch über die Regenerationsmöglichkeiten unserer Böden und unserer Ökosysteme nachdenken würden, um endlich einen echten Wert zu schaffen – einen Wert, der sowohl für die Erzeuger als auch für die Verbraucher von Vorteil wäre. Es mag noch etwas utopisch klingen, aber ich bin fest davon überzeugt, dass dies unser oberstes Ziel sein sollte. Die Menge der Nährstoffe, die wir uns zuführen, sollte nicht das Opfer unserer Lebensweise werden, wir sollten nicht auf sie verzichten. Für den Moment können wir also zusammenfassen, dass wir trotz vieler alarmierender Faktoren noch nicht am Ziel sind.

Daher lautet meine Schlussfolgerung, der du natürlich gern widersprechen oder dich anschließen darfst: Wir produzieren und essen mehr und wir essen „schöner“, aber leider ist das, was wir essen, definitiv gehaltloser und leerer.

---

2 Pourquoi Docteur – „Alimentation: la valeur nutritionnelle des fruits et légumes a baissé depuis 50 ans“, abgerufen unter *https://www.pourquoidocteur.fr/Articles/Question-d-actu/31696-Alimentation-valeur-nutritionnelle-fruits-legumes-baisse-50-ans*

3 Nouvel Obs – „Une pomme de 1950 équivaut à 100 pommes d'aujourd'hui“, abgerufen unter *https://www.nouvelobs.com/rue89/rue89-planete/20150126.RUE7557/une-pomme-de-1950-equivaut-a-100-pommes-d-aujourd-hui.html*

4 Still No Free Lunch – Dr Alan Greene, abgerufen unter *https://ucanr.edu/datastoreFiles/608-809.pdf*

Nahrung für

POSITIVE SCHWINGUNGEN

Die Wissenschaft ist dazu da, Dinge anhand von Fakten zu erklären und somit begreifbar, „berechenbar“ zu machen, was ich sehr schätze. Doch vieles lässt sich weder messen noch beweisen, und ich bin auch offen für weniger wissenschaftliche Ansätze, wenn ich das Gefühl habe, dass sie Sinn ergeben – einfach, weil sie mich ansprechen und eine Vision vom Leben bieten, mit der ich konform gehe.

Als ich beispielsweise über hohe Schwingungsfrequenzen im Zusammenhang mit Nahrungsmitteln las, war mein Interesse geweckt, denn die Grundaussage war folgende: Je frischer und gesünder unser Essen ist, umso größer sind auch die positiven Schwingungen, die unseren Körper und unsere Seele erfassen. Wer also frisch gepflücktes Bioobst und -gemüse isst, das respektvoll und achtsam angebaut wurde, verspürt höhere Schwingungen als nach dem Genuss abgepackter, industriell verarbeiteter Nahrung oder Fast Food. Warum? Weil sich beim Verzehr von Fast Food keinerlei Verbindung zu dem, was man isst, aufbauen lässt. Es sind schnelle Happen, Endprodukte langer industrieller Verarbeitungsketten, die weder respektvoll gegenüber der Umwelt angebaut noch nach ethischen Gesichtspunkten produziert wurden.

Ich neige zu der Annahme, dass der Verzehr eines toten Tieres, das Antibiotika bekam und in Intensivtierhaltung aufwuchs, tatsächlich nur geringe Schwingungen mit sich bringt – im Gegensatz zu frisch geernteten Radieschen oder Salatköpfen, die nach ökologischen Grundsätzen und saisongemäß wachsen konnten. Falls Sie mehr zu diesem Thema erfahren möchten – es gibt höchst anregende Artikel zu einer Ernährungspyramide, bei der interessanterweise die Schwingungen der Nahrungsmittel in Bezug zu ihren Auswirkungen auf unsere Umwelt gesetzt werden. Im Grunde beschert uns gesund produzierte Nahrung, die die Nachhaltigkeit auf unserem Planeten positiv beeinflusst, die höchsten positiven Schwingungen. Je respektvoller wir mit der Erde umgehen, desto mehr gibt sie uns zurück, ein wirklich schöner Gedanke! Diese Theorie, die schon die alten Griechen beschäftigte, fasziniert mich sehr und lässt mich daran glauben, dass es sich lohnt, die Beziehung zu unserem Essen zu pflegen und zu vertiefen.

Wenn du also das nächste Mal eine Mahlzeit zu dir nimmst, denk an die darin enthaltene Energie und die Schwingungen. Das Ziel ist nicht, dass du dich in irgendeiner Weise schuldig fühlen sollst, sondern dass du dich einfach achtsamer mit deiner Ernährung beschäftigst.

french touch

In den Städten

DIE NATUR FÖRDERN

Die Verbindung zwischen der Natur und den Nahrungsmitteln wieder herzustellen ist dringend notwendig, da sie einen unmittelbaren Einfluss auf unser Konsumverhalten hat. Urban Gardening kann hier einen guten und sinnvollen Beitrag leisten, um wieder mehr Natur in unsere Städte zu bringen.

Dass rund um den Globus zahlreiche Programme gestartet und großartige Initiativen ergriffen werden, dank derer die Natur als wesentlicher Bestandteil in unseren Betondschungel zurückkehrt, gibt Hoffnung. Paris beispielsweise hat die weltweit größte urbane Gemüsefarm auf einem Dach angelegt[5]. Die Anbaufläche umfasst etwa die Größe von zwei Fußballfeldern. Die Betreiber beabsichtigen, die Farm zu einem globalen Modell für nachhaltige Lebensmittelproduktion zu machen.

Mittlerweile breitet sich das Phänomen der urbanen Landwirtschaft auch in anderen Teilen der Welt immer stärker aus. So entstehen etwa in Hongkong ganze Dachfarmen[6] inmitten imposanter Wolkenkratzer. Und auch in unseren Städten gibt es immer häufiger Gemeinschaftsgärten oder kleine Stadtäcker sowie neue Wege der Lebensmittelverteilung. Das Credo hierbei ist: kürzer, gesünder und regionaler.

Diese Projekte werden häufig ins Leben gerufen, wenn städtische Flächen brachliegen – man will sie einer sinnvollen Nutzung zuführen, Verantwortung übernehmen und etwas Grün in das Stadtleben zurückholen. Was großartig ist, denn Grün bewirkt viel Gutes. Laut zahlreicher Studien beeinflusst der Anblick der Farbe Grün unser Wohlbefinden. Dieser direkte Einfluss besteht darin, dass sie unserem Gehirn Ruhe, Optimismus, Natürlichkeit suggeriert, aber auch unsere Konzentrationsfähigkeit ansteigen lässt. Die Farbe Grün hat sogar direkten Einfluss auf die Entwicklung von Kindern – je mehr ihr ein Kind ausgesetzt ist, desto besser entwickelt sich sein kognitiver Bereich[7]. Für die wachsende städtische Bevölkerung ist es also wichtig, von der grauen Betonwüste wegzukommen und sich einer saftig grünen Oase inmitten der Großstadt hinzuwenden.

---

5 The Guardian – „The future of food: inside the world's largest urban farm – built on a rooftop", abgerufen unter *https://www.theguardian.com/cities/2020/jul/08/the-future-of-food-inside-the-worlds-largest-urban-farm-built-on-a-rooftop*

6 Financial Times – „Rooftop initiative brings farms to Hong Kong skyline", abgerufen unter *https://www.ft.com/content/114ea900-d64e-11e9-8d46-8def889b4137*

7 Environmental Health Perspectives – „Nature and Neurodevelopment: Differences in Brain Volume by Residential Exposure to Greenness", abgerufen unter *https://ehp.niehs.nih.gov/doi/10.1289/ehp3465*

Nature urbaine in Paris ist die größte städtische Rooftop-Farm Europas.
Hier werden Biolebensmittel auf 15 Hektar Dachfläche angebaut.

„Wir müssen die Natur wieder in unseren Städten und unserem Leben willkommen heißen.“

Auch in China entstehen vielerorts Stadtgärten wie hier im Distrikt Panyu in Guangzhou.

Öko-Anbau

IN TÖPFEN UND KÄSTEN

Doch wer in der Stadt lebt, hat nicht unbedingt Zugang zu einem eigenen Hof oder Garten, und selbst wenn man ein passendes Grundstück findet, ist es meist sehr teuer. Auch eigener Raum in einem Gemeinschaftsgarten oder eine Parzelle in einem Schrebergartenverein ist nicht so leicht zu bekommen. Manche haben das Glück, über einen Balkon oder eine kleine Terrasse zu verfügen. Das Gute ist, dass sich sogar vermeintlich winzige Räume in kleine private grüne Paradiese verwandeln lassen – hier bekommt das Wort „Großstadtdschungel" eine völlig neue Bedeutung!

Ja, es ist definitiv möglich, Nahrungsmittel auf dem Balkon anzubauen, ausschließlich in Töpfen und Pflanzgefäßen und – sehr

Links: Mein Erdbeerparadies versorgt mich im Frühsommer mit köstlichen Früchten.Sobald sie rot sind, schnappe ich sie mir.

wichtig – auf komplett ökologische Weise, ohne chemische Schädlingsbekämpfung. Die größte Herausforderung bei kleinem Raumangebot ist eigentlich zu entscheiden, was man anbaut. Schon bald wird deutlich, dass man umso mehr anbauen möchte, je mehr man pflanzt. Zudem will man neue Sorten ausprobieren, die aber wieder neuen Platz beanspruchen. Eine der größten Schwierigkeiten für mich als urbaner Gärtner ist, dass ich immer neue Sorten kultivieren und neue Experimente wagen will. In Gesprächen mit anderen Gärtnern habe ich jedoch festgestellt, dass selbst diejenigen, die über einen großen Garten verfügen, vor genau demselben Problem stehen. Auch sie fühlen sich eingeschränkt und wünschten, sie könnten mehr anbauen. Daher hier mein erster Ratschlag: Seien wir doch glücklich und zufrieden mit dem Platz, den wir haben! Es gibt viele großartige Beispiele auf der ganzen Welt, wo Hobbygärtner viele verschiedene Obst- oder Gemüsesorten auf drei oder vier Quadratmeter großen Balkonen oder sogar nur auf Fensterbänken ziehen. Selbst wenig Platz lässt sich effektiv in einen Anbaubereich verwandeln, der viele Pflanzen beherbergt.

Wer sich partout nicht entscheiden kann, was angebaut werden soll, dem springt die Natur hilfreich zur Seite. Man mag das Glück haben, über einen vollsonnigen Südbalkon zu verfügen – aber nicht alle Pflanzen mögen die volle Bestrahlung. Manche vertragen die pralle Sonne, andere wollen Halbschatten, und wiederum andere gedeihen am besten komplett an schattigen Plätzen.

Wie überall im Leben hat auch das Gärtnern auf dem Balkon gegenüber dem im Garten Vor- und Nachteile. Die Vorteile lassen sich voll ausnutzen und mildern die Nachteile ab. Der erste große Vorteil ist in meinen Augen, dass auf dem Balkon meist weniger Schädlinge vorkommen, die die Pflanzen attackieren, als in einem Garten. Versteh mich nicht falsch, selbst in deinem Balkonparadies tauchen immer mal wieder lästige Tierchen auf, und auch du wirst ganz sicher bald Bekanntschaft mit diesen fiesen Winzlingen, den Blattläusen, machen. Aber im Großen und Ganzen hast du wohl weniger zu fürchten seitens ganzer Armeen von Gehäuse- und Nacktschnecken, seitens lästiger Käfer oder auch seitens räuberischer Eichhörnchen und Wühlmäuse oder grabender Maulwürfe, um nur einige zu nennen.

Ein weiterer Vorteil des urbanen Gartenraums ist seine große Flexibilität. Man kann die Töpfe verrücken, wenn das dem Bedürfnis der jeweiligen Sorte entgegenkommt, sie also

Rechts: Pralle Zucchini (oben) und farbenfroher Mangold (unten) sind nur zwei der Gemüsesorten, die auf dem Balkon prächtig gedeihen.

beispielsweise mehr in die Sonne oder an eine regengeschützte Stelle verschieben. Auch bei schwerem Hagel oder heftigem Sturm sind Balkonpflanzen oft besser geschützt, als wenn sie frei in einem Garten stünden. In den meisten Städten ist es wärmer als auf dem Land, und ebenso ist der Frost im Winter weniger intensiv und besser zu bewältigen.

Gut ist auch, dass Bienenstöcke in die meisten unserer Städte zurückgekehrt sind, sodass viel mehr Bestäuber als früher umhersummen. Ihnen wird es in deinem Garten gefallen, das darfst du mir glauben. Sie werden sich am Nektar der Blüten laben, emsig sammeln und dabei der notwendigen Aufgabe nachkommen, deine Pflanzen zu bestäuben.

Eine wichtige Voraussetzung beim urbanen Gärtnern ist es, der Natur Raum zu geben. Einige Gemüsesorten müssen einfach, um gesund wachsen zu können, ein tiefes Wurzelsystem entwickeln können und brauchen daher sehr viel Erde, da beißt die Maus keinen Faden ab. Allerdings lässt sich hier durch den geschickten Einsatz von Töpfen und Gefäßen viel machen. Mir ist es gelungen, Dutzende verschiedener Tomatensorten, acht Auberginen- und Zucchinisorten sowie vier Gurkensorten anzubauen, während auch noch Radieschen, Salat und Möhren wachsen … von all den verschiedenen Kräutern ganz zu schweigen! Es gibt so viele Pflanzen zu entdecken, die auf einem Balkon gedeihen können, dass so schnell keine Langeweile aufkommt.

Ein weiterer nicht unerheblicher Aspekt ist der finanzielle. Da ist die Schwelle einfach niedriger als in einem Garten. Man muss nicht erst großartig investieren, vor allem nicht in teure Gartengeräte.

Der größte Vorteil ist schließlich, dass der urbane Balkongarten immer sehr nah an der Küche liegt, sodass du in Zukunft deine wunderbaren Ernteerfolge schnell genießen und zusammen mit deinen Lieben gleich auffuttern kannst. Das ist ganz klar der regionalste und gesündeste Lebensmittelkreislauf, den man sich vorstellen kann!

Urbanes Gärtnern bringt

ERSTAUNLICHE VORTEILE

Nach all diesen Informationen hoffe ich nun, dass Bob Marley laut in deinem Kopf singt: „Get up, stand up! Stand up for your rights!“ Mit dem richtigen (samenfesten) Saatgut, sanft von deinem grünen Daumen in die Erde gedrückt, wirst du die Natur und das Grün in dein tägliches Leben zurückholen, und du wirst es nicht bereuen – versprochen!

Der Nutzen des Urban Gardening ist vielfältig und umfangreich. Ich habe auf den folgenden Seiten meine eigene Auffassung dazu zusammengefasst, die allerdings keinen Anspruch auf Vollständigkeit erhebt. Sicherlich wirst du deine eigenen Erfahrungen machen und selbst noch Punkte ergänzen.

Wissen, woher das Essen kommt
Du kannst endlich mit Sicherheit sagen, woher das Essen stammt und wie es angebaut wurde. Denn es wächst ja in deinem eigenen kleinen Reich!

Mehr Bewusstsein für Gemüse und Obst entwickeln
Wer selbst Obst und Gemüse anbaut, lernt viel darüber, wie es wächst. Einige Sorten erfordern ein bestimmtes Vorgehen, manchmal zeitaufwendig, manchmal unerwartet. Mich hat es beispielsweise umgehauen, als ich erfuhr, wie Chicorée wächst. Wenn das selbst angebaute Essen dann auf dem Teller liegt, wirst du es mit anderen Augen betrachten – respektvoller, wissender, bewusster.

Eine schöne und lohnende Erfahrung machen
Du wirst sehr schnell feststellen, dass der Anbau der eigenen Lebensmittel in Bioqualität ein großartiges und sehr erfüllendes Abenteuer ist. Indem du dich um die Pflanzen kümmerst, entwickelst du eine Beziehung zu ihnen. Das Ergebnis dieser gesunden Beziehung sind all die essbaren Früchte, Knollen und Blätter.

Persönliche Erfüllung finden und das Gefühl, etwas vollbracht zu haben
Welch ein großartiges Gefühl, all das zu ernten! Und dazu die Erfahrung, dass es vom Garten direkt auf den Tisch kommt. Ich bin immer ganz stolz, wenn ich einfach nur Tomaten vom Balkon hole und als Salat anrichte oder ein paar meiner Auberginen oder Zucchini in Streifen schneide und auf den Grill lege. Ein wunderbares Gefühl ist es auch, im Winter eins der Gläser mit meiner selbst gemachten Tomatensauce zu öffnen. Bevor ich zu gärtnern begann, hatte ich noch nie Tomatensauce selbst gemacht.

Anfangen, gesünder zu kochen
Abgesehen davon, dass man sich gesünder und ökologisch bewusster ernährt, animiert einen die Ernte auch dazu, mehr selbst zu kochen, neue Rezepte auszuprobieren – und vielleicht kochst du ja auch bestimmte Gemüsesorten zum allerersten Mal in deinem Leben.

Vertraue deinem grünen Daumen …

Saisonal essen

Man hat einen besseren Bezug zu den Jahreszeiten, isst also eher saisonal und damit auch vielfältiger. Anstatt wie alle anderen im Winter Tomaten zu kaufen, wirst du diesem Fettnäpfchen aus dem Wege gehen und lieber Rüben, Pak Choi, verschiedene Spinatsorten, Feldsalat, Winter-Rettich und Mangold anbauen. Es gibt so viele leckere und nahrhafte saisonale Gemüsesorten zu erkunden!

Das eigene Wissen über Pflanzen erweitern

Um eine gesunde Ernten einzufahren, müssen wir die kleinen Helfer, die Bestäuber, anlocken. Die Beziehung zu diesen nützlichen und oft auch sehr hübschen Insekten ist eine echte Win-win-Situation. Sie finden in unseren Blumen Nahrung und bestäuben im Gegenzug die Blüten unserer Gemüse- und Obstpflanzen, die dann wiederum unsere Nahrung hervorbringen. Gibst du ihnen etwas zu essen, wird auch dir Essen gegeben!

Etwas Sinnvolles lernen und an andere weitergeben

Nicht zuletzt wirst du, da das Gärtnern kaum in der Schule gelehrt wird, zu jener wichtigen Person, die dann ein gewisses Grundlagenwissen sowie tiefere Einblicke in die Natur an die jüngeren Generationen weitergeben kann.

Den wahren Geschmack wiederentdecken

Wer selbst anbaut, entdeckt auch den wahren Geschmack von Obst und Gemüse wieder. Es gibt so viele Nuancen in Geschmack, Beschaffenheit, Konsistenz, Bissfestigkeit, Aroma etc. Du wirst dich schon bald von der leuchtend roten Supermarkttomate verabschieden, die nach nichts schmeckt.

Biomüll durch Kompostierung reduzieren

Durch das Gärtnern lernt man den vollendet ausbalancierten Nahrungskreislauf der Natur kennen und kann nur noch staunen. Wer selbst zu Hause kompostiert, reduziert organischen Abfall, denn in diesem Kreislauf wird alles verwendet und nichts verschwendet. Obendrein dient der entstehende Kompostsaft hervorragend als Dünger, der deine Erde und die Pflanzen nährt.

Stress abbauen

Das urbane Gärtnern eignet sich hervorragend, um den Stress, den unser Leben in der Stadt unweigerlich mit sich bringt, abzubauen. Man findet zur Ruhe zurück und nimmt sich Zeit zum Innehalten, Beobachten, Nachsinnen. Gärtnern ist wie Meditation – auch dank der gesunden Verbindung, die man zur Natur herstellt.

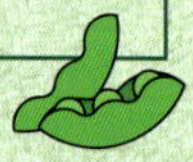

Qualität genießen anstatt Quantität
Zur komplett autarken Subsistenzwirtschaft wird das Gärtnern auf dem Balkon zwar nicht reichen, aber das ist auch nicht Sinn und Zweck der Übung. Hier geht es eher um die Frage: Qualität oder Quantität? Dies wird sich mit Sicherheit nicht nur positiv auf dein Kaufverhalten und deine Beziehung zum Essen auswirken, sondern auch darauf, wie du unser perfekt austariertes Ökosystem wahrnimmst.

Ich wünsche dir von ganzem Herzen, dass du all diese wundervollen, gleichermaßen Nutzen und Frucht bringenden Aspekte erlebst und selbst noch weitere dabei entdeckst.

Machen wir uns nun also bereit für den nächsten Teil des Buches, in dem es um die Grundprinzipien des Gärtnerns geht.

... und genieße die weitere Reise!

french touch

BIOESSEN IN BLUMENTÖPFEN ANBAUEN

Das solltest du wissen

Urban Gardening –
ALLGEMEINE GRUNDSÄTZE

Im zweiten Teil des Buches findest du all die Hintergründe, Informationen und Hinweise, die du brauchst, um Gemüse selbst anzubauen. Wir werden uns Schritt für Schritt den vielen Themen nähern, damit dir das Gärtnern in der Stadt auch gelingt. Bestimmt brennen dir jede Menge Fragen auf den Nägeln – so wie diese:

- **Was kann ich auf meinem Balkon anbauen?**
- **Welche Töpfe oder Pflanzgefäße kann ich nehmen?**
- **Welche Grundausstattung an Gartenwerkzeugen brauche ich?**
- **Wo bekomme ich samenfestes Saatgut her?**
- **Welche Erde soll ich verwenden?**
- **Wie muss ich meine Pflanzen gießen und mit welchem Wasser?**
- **Wie dünge ich ökologisch möglichst unbedenklich?**
- **Kann ich trotz begrenzten Raums Kompost selbst herstellen?**

Wir werden Antworten auf all diese Fragen finden, aber ehe wir derart in die Tiefe gehen, möchte ich dir ein paar einfache Grundlagen vermitteln. Ich wünschte, ich hätte das alles schon gewusst, als ich vor zwei Jahren mit dem Gärtnern anfing!

Das örtliche Klima beachten
Das Klima ist nirgends gleich. Je nachdem, wo du wohnst, können die Jahreszeiten länger oder kürzer ausfallen, und selbst innerhalb eines Landes können die Temperaturen von Stadt zu Stadt stark variieren. Es ist daher äußerst wichtig, dass du das tatsächliche Klima an deinem Standort beobachtest. Dementsprechend kannst du agieren – und dich nicht von allgemeingültigen Gärtner-Kalendern (ab)lenken lassen! Klar, die allgemeine Info, dass Tomatenpflanzen Anfang Mai ins Freie umziehen sollten, kannst du zur Kenntnis nehmen. Aber je nach Wohnort ist der richtige Zeitpunkt dafür vielleicht einen Monat früher oder über einen Monat später. Lösen lässt sich dieses Problem, indem du dich im Internet über die Winterhärtezone an deinem Wohnort informierst. Ich gehe weiter hinten im Buch im Detail darauf ein. Auch das Mikroklima und das Stadtklima spielen eine Rolle.

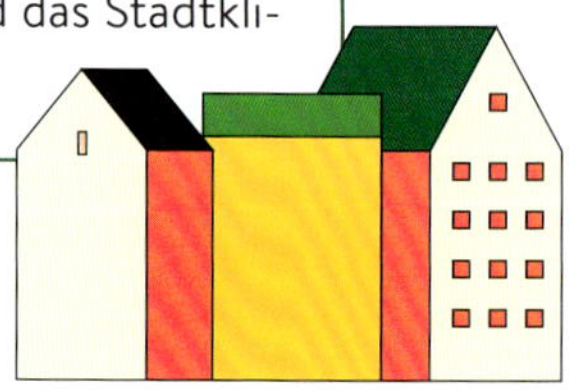

Auf nährstoffreiche und organisch gedüngte Erde kommt es an
Ohne nährstoffreiche Erde wirst du kaum erfolgreich Gemüse anbauen. Denn in Wirklichkeit düngst du nicht die Pflanzen, sondern die Erde, die dann die Pflanzen mit Nährstoffen versorgt. Daher lohnt es sich, in gute Erde, möglichst in Bioqualität, zu investieren und dauerhaft für deren Gesundheit zu sorgen. Die Nährstoffe in neuer Erde sind nach etwa sechs Wochen verbraucht, danach musst du also düngen und weitere Nährstoffe zuführen.

Töpfe brauchen einen Wasserablauf
Pflanztöpfe müssen Löcher im Boden haben, damit das Wasser gut ablaufen kann. Ohne Löcher fangen die Erde und die Wurzeln an zu faulen. Auf Drainagelöcher darfst du keinesfalls verzichten!

Pflanzen gießen, aber richtig und zur rechten Zeit
Gießen ist unerlässlich, jedoch ist die Wassermenge auf die angebaute Sorte abzustimmen. Manche Pflanzen benötigen sehr viel Wasser, andere wenig. Auch sollte man immer früh morgens oder abends gießen, niemals tagsüber. Benetze beim Gießen nicht die Blätter, sondern befeuchte die Erde an den Stängeln. Auf die Grundsätze des Gießens gehe ich weiter hinten im Buch noch einmal detaillierter ein.

Der Natur Raum geben
Jede Pflanze braucht eine bestimmte Menge Erde, um sich gesund zu entwickeln. Nicht zu wenig, nicht zu viel. Daher ist die Größe des Topfs unbedingt auf den Bedarf der Pflanze abzustimmen.

Qualität schlägt Quantität
Wie oft möchten wir der Versuchung nachgeben, zwei Pflanzen in einen Topf zu stecken. Und wie oft ist es keine gute Idee! Denn schließlich ist eine einzige gesunde Tomatenpflanze, die mich lange mit vielen Tomaten versorgt, doch viel besser als zwei Tomatenpflanzen, die stets mickrig bleiben.

Ohne Blumen und Bestäuber geht gar nichts
Die meisten unserer Gemüse wachsen, weil die Pflanze vorher geblüht hat. Die Blüten müssen allerdings bestäubt worden sein. Um die niedlichen kleinen Gesellen anzulocken, die für das Bestäuben zuständig sind, aber auch, um fiese kleine Schädlinge in die Falle zu locken, suchen wir uns Verbündete: Blumen! Der Anbau von Nahrung geht also mit dem Anbau von Blumen einher.

Jetzt kennst du die Grundprinzipien, und nun lass uns tiefer in diese interessanten Themen eintauchen. Dein grünes Paradies, dein urbaner Dschungel warten nur darauf, erschaffen zu werden! Und du bist bestimmt schon sehr gespannt auf deine ersten eigenen Erfolge.

Den verfügbaren Raum

ANALYSIEREN UND OPTIMIEREN

Dies ist der Beginn deiner gärtnerischen Reise. Damit der Start gelingt, wollen wir zunächst die Örtlichkeit unter die Lupe nehmen: Wie sieht es auf dem Balkon oder deiner Terrasse aus mit Sonneneinstrahlung, Platz auf dem Boden, vertikalem Raum, Windeinwirkung und Bewässerungsmöglichkeiten?

Auch auf kleinem Raum ist effizientes und damit üppiges Pflanzenwachstum möglich. Doch Vorsicht: Ehe du deinen grünen Dschungel hochziehst, prüfe bitte, ob dein Balkon oder deine Terrasse irgendwelchen Gewichtsbeschränkungen unterliegt, besonders bei älteren Gebäuden und Altbauwohnungen könnte dies der Fall sein. Töpfe und Pflanzgefäße voller Erde sind schwer, also kläre das unbedingt im Vorfeld ab! Bedenke auch das Gewicht des Wassers in der Erde.

LAGE UND AUSRICHTUNG DER ANBAUFLÄCHE BERÜCKSICHTIGEN

Die Lage bezüglich der Himmelsrichtung und damit der Sonneneinstrahlung lässt sich mit einer Kompass-App auf dem Smartphone herausfinden. Dass ein nach Süden ausgerichteter Balkon für sonnenliebende Pflanzen ideal ist, versteht sich von selbst. Aber keine Sorge, selbst wenn du diesen nicht haben solltest, kannst du immer noch jede Menge Gemüsesorten anbauen.

Bist du gerade erst eingezogen? Dann frag vielleicht am besten die Nachbarn, wann im Lauf der Jahreszeiten die meiste Sonne auf deinen Balkon kommt. Ist gerade Winter oder zeitiges Frühjahr, musst du die kommenden saisonalen Veränderungen abschätzen. Momentan mag dort keine Sonne sein, aber im Sommer steht sie höher und länger am Himmel, vielleicht erreicht sie dann auch deinen Balkon, und deine Anbaufläche bekommt etwas von den kostbaren Sonnenstunden ab.

Hast du einen Baum in Sichtweite, denk daran, dass er im Sommer voller Blätter ist und deinem Balkon Schatten spendet. Das ist wichtig zu beachten bei der Auswahl der Pflanzen, die du anbauen willst.

Um genauere Angaben zu erhalten, gibt es im Internet ein tolles kostenloses Tool namens Sun Earth Tools. Man gibt seine Adresse ein, wählt einen Monat aus und bekommt Sonnenaufgangs- und Sonnenuntergangszeiten sowie Sonnenstände angezeigt.

Versuche also, den verfügbaren Raum zu vermessen und abzuschätzen, welche Ecke des Balkons die meisten Sonnenstunden genießt und welche mehr im Schatten liegt. Damit gelingen die Aufteilung und Einrichtung deines Balkons!

VERTIKALEN RAUM ERSCHLIESSEN

Die Bodenfläche ist ein Bestandteil des Raumangebots, und sie ist in der Tat begrenzt. Versuche also abzuschätzen, wie viele Töpfe dort hinpassen.

Noch wichtiger jedoch ist, dass du dir den vertikalen Raum genau ansiehst. Damit meine ich die Wände, das Balkongeländer oder vielleicht auch eine Trennwand zum Nachbarbalkon. Überlege, wie viele Töpfe du auf Regalen unterbringen oder an Seilen von der Decke hängen lassen kannst. All dieser vertikale Raum, den man nicht persönlich nutzt (weil man nicht darauf sitzen oder laufen kann), bietet fantastische Möglichkeiten, um noch mehr Pflanzen zu ziehen – wenn man es nur geschickt anstellt. Schon eine winzige Fläche von gerade einmal drei Quadratmetern reicht aus, um zahlreiche Pflanzen zu beherbergen.

BEWÄSSERUNGSMÖGLICHKEITEN PRÜFEN

Gibt es einen Wasserhahn auf dem Balkon? Wenn ja, kannst du einen Wasserschlauch anschließen, und alles ist geritzt. Wenn nicht – auch kein Problem, sofern die Küche oder irgendein Wasserhahn in deiner Wohnung in der Nähe des Balkons liegt. Es gibt Adapter, die man an den Wasserhahn in der Küche schrauben kann, um einen Bewässerungsschlauch anzuschließen. Ist so eine Lösung möglich, wirst du im Sommer für diese Erleichterung dankbar sein. Ist sie es nicht, besinnst du dich aufs Wesentliche – dann kommt eben die gute alte Zehn-Liter-Gießkanne zum Einsatz.

WINDEINWIRKUNG ABSCHÄTZEN

Wind kann dein Verbündeter bei der Bestäubung sein oder zum Widersacher mutieren, wenn er zu stark bläst. Versuche herauszubekommen, ob dein Balkon eher eine zugige Ecke ist und es häufig stark windet. Wenn ja, kannst du dem entgegenwirken, indem du von Anfang an deine Pflanzen stützt, indem du sie an Spaliere oder Bambusstäbe bindest oder durch Netze schützt.

Vielleicht ist eine Ecke des Balkons besonders windgeschützt. Dann sollten die empfindlichsten Pflanzen dort stehen. In der kalten Jahreszeit wird diese Stelle auch weniger dem Frost ausgesetzt sein und den Pflanzen besseren Schutz bieten.

Was kann ich

AUF BALKON ODER TERRASSE ANBAUEN?

Die gute Nachricht: Es lässt sich fast alles in Töpfen und Kästen anbauen, etwa Wurzelgemüse wie Möhren, Speiserüben und Radieschen; Blattgemüse wie Spinat, Mangold und Salat; Fruchtgemüse und Obst wie Tomaten, Erdbeeren, Physalis und sogar ausladende Gemüsearten wie Blumenkohl, Fenchel, Zucchini, Auberginen und Brokkoli. Und ist es nicht fantastisch, dass sich von jeder dieser Obst- und Gemüsearten unendlich viele alte, samenfeste Sorten entdecken lassen?

Allerdings wirst du lernen müssen, dass die Sonneneinstrahlung auf deinem Balkon bestimmt, was du anbauen kannst und was nicht. Klar, Pflanzen brauchen Licht und Sonne, aber wie viel? Die Bedürfnisse, um gut zu gedeihen, sind unterschiedlich. Daher teilen wir den Sonnenhunger der Pflanzen grob in drei Kategorien ein, anhand derer du verlässlich einschätzen kannst, welche Sorten sich auf deinem Balkon ziehen lassen.

Volle Sonne = mindestens sechs Stunden direkte Sonneneinstrahlung

In voller Sonne herrschen optimale Bedingungen, um Sommergemüse wie Tomaten, Auberginen, Paprika, Zucchini oder Gurken zu ziehen, aber auch Kräuter wie Basilikum, Koriander, Thymian, Dill, Fenchel und Salbei.

Halbschatten = mindestens drei Stunden, höchstens sechs Stunden direkte Sonneneinstrahlung

Herrscht halb Sonne, halb Schatten, gedeihen noch Kirschtomaten, aber auch Zucchini und Auberginen sind zumindest einen Versuch wert. Doch drossle lieber deine Erwartungen– sie werden sich nicht so entwickeln wie in voller Sonne. Halbschatten eignet sich hingegen gut für Erbsen, Radieschen, Salat, Kartoffeln, Speiserüben und Brokkoli. Auch die Auswahl an Kräutern, die hier noch passabel wachsen, ist groß: Schnittlauch, Koriander, Petersilie, Rosmarin, Minze.

Schatten = weniger als drei Stunden direkte Sonneneinstrahlung, aber mehrere Stunden indirektes oder diffuses Sonnenlicht, etwa durch die Blätter von Bäumen

Selbst wenn nur wenig direktes Sonnenlicht vorherrscht, lassen sich immer noch die meisten Blattgemüse wie Salat, Grünkohl, Mangold, Spinat, aber auch Wurzelgemüse wie Möhren, Radieschen und sogar Kartoffeln anbauen. Auch Zitronenmelisse, Petersilie oder Walderdbeeren dürften gedeihen. Falls du nur über einen vollsonnigen Balkon verfügst, aber Schatten liebende Pflanzen anbauen möchtest, muss du sie im Hochsommer beschatten, ansonsten leiden sie stark.

Beispiele für die

AUFTEILUNG UND EINRICHTUNG DES BALKONS

Nachdem du all die Faktoren kennst, die es zu berücksichtigen gilt (Sonne, Wasser, Wind, vertikaler Raum), kannst du einen Plan von deinem Balkon zeichnen und überlegen, wie du ihn optimal aufteilst.

Die Illustration auf der rechten Seite ist ein Beispiel für einen sechs Quadratmeter großen Balkon (3 m × 2 m). Klingt gar nicht groß, aber darauf passen: drei hängende Töpfe, sechs Blumenkästen, drei Pflanzkästen, acht Töpfe und drei Anzuchttische. Durch geschickte Ausnutzung des vertikalen Raums sparst du ordentlich Bodenfläche – und dein Traum von einem üppig grünen Dschungelparadies wird wahr! Meine Tipps:

- Pflanzen strategisch so verteilen, dass das Sonnenlicht für alle optimal ausgenutzt wird. Nicht vergessen: Im Gegensatz zu Beeten im Garten sind Töpfe flexibel und lassen sich jederzeit woanders hinstellen.
- Balkongeländer und -wände zum vertikalen Stützen der Pflanzen nutzen. Wertvolle Bodenfläche wird freigehalten.
- Tomaten eher im Hintergrund platzieren, wo sie zwar maximale Sonne, aber möglichst keinen Regen abbekommen.
- Gartensalat braucht Platz, Anzuchttische sind die Lösung. Im Halbschatten aufstellen.
- Platz unter den Anzuchttischen für weitere Töpfe oder als Stauraum nutzen.
- Blumenkästen sind ideal für Blumen, die Bestäuber anlocken und für Artenvielfalt sorgen, aber auch für Erdbeeren.
- Unterhalb der Blumenkästen in Pflanzkästen leicht erhöht Möhren oder Grünkohl platzieren, die Halbschatten bevorzugen.
- An der Decke aufgehängte Töpfe sind meist eher klein – perfekt für Küchenkräuter.
- Verfügt der Balkon über Dachrinne oder Fallrohr, lässt sich dieses vielleicht anzapfen und Regenwasser in einer Regentonne auffangen. Andernfalls einfach mithilfe einer Regenablaufkette das Niederschlagswasser in ein Sammelgefäß oder die Gießkanne leiten.

1. **hängende Töpfe**
2. **Blumenkästen**
3. **Wasseranschluss**
4. **Pflanzkästen**
5. **Töpfe**
6. **Anzuchttische**

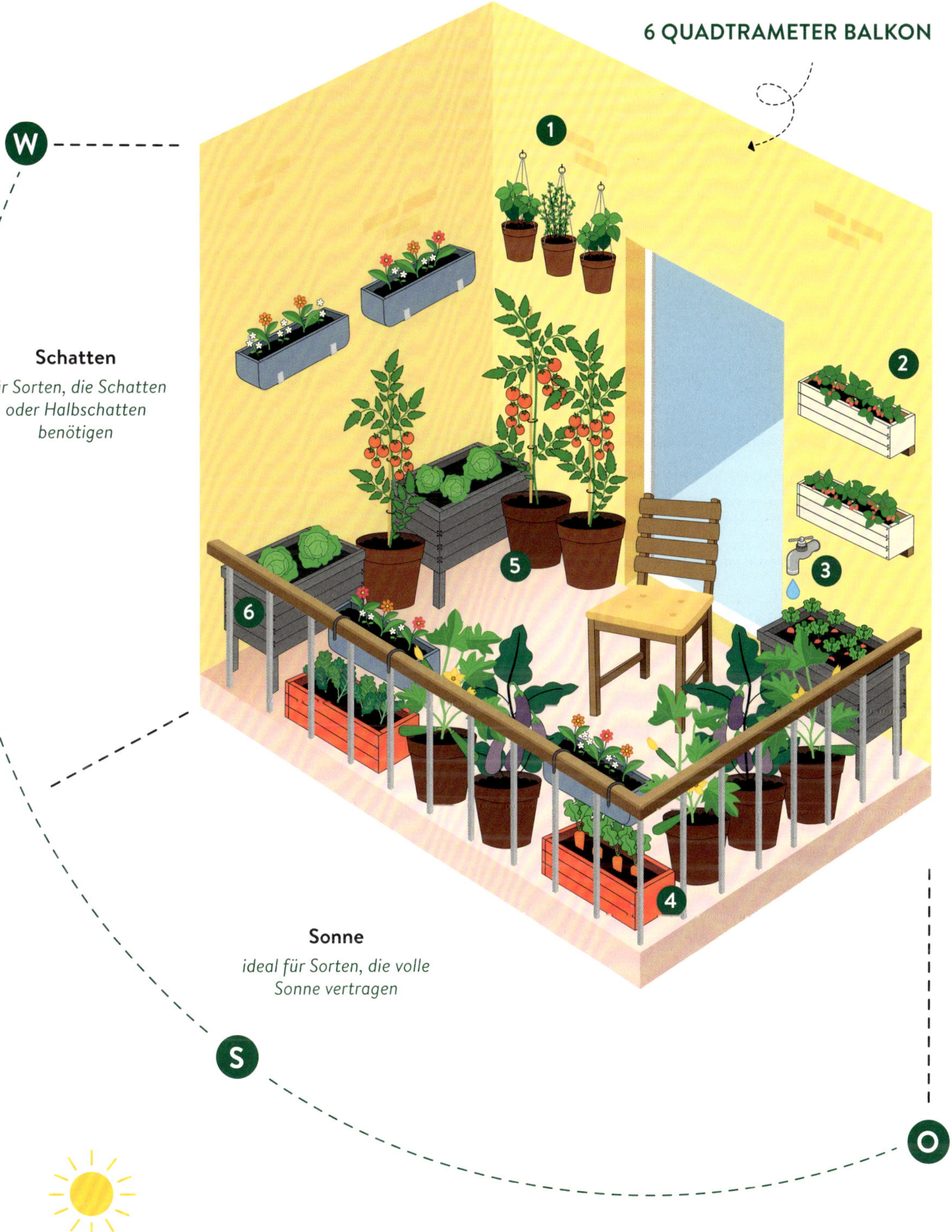

Sonneneinstrahlung

Grundvoraussetzung beim Gärtnern:

GESUNDE ERDE

An dieser allgemeingültigen Regel führt kein Weg vorbei: ohne hochwertige Erde kein Erfolg beim Gärtnern. In schlechter Erde wird kaum etwas gut wachsen, man verschwendet nur Zeit und Energie. Gerätschaften und Zubehör müssen weder teuer noch High End sein, aber bei der Erde darf man nicht sparen, diese Investition sollte stets Priorität haben.

Um noch einmal auf das Thema „grüner Daumen" aus dem ersten Teil zurückzukommen: Oft hängt die Aussage „Ich habe keinen grünen Daumen" damit zusammen, dass jemand versucht hat, etwas in schlechter Erde zu ziehen.

Tatsächlich enthält neues Pflanzsubstrat nur für circa sechs Wochen Nährstoffe. Damit die Pflanzen darüber hinaus weiterwachsen, muss man die Erde also anreichern und immer wieder mit neuen Nährstoffen versorgen. Wichtig ist hier zu verstehen, dass man die Erde düngt, nicht die Pflanzen. Der Dünger muss zunächst von den Mikroorganismen im Boden absorbiert und verdaut werden, erst dann können die Nährstoffe den Pflanzen zugutekommen.

Aber was ist denn nun gute Erde? Nimm einfach etwas Erde in die Hand und analysiere sie: Fühlt sie sich rau, fest oder verkrustet an, ist sie höchstwahrscheinlich nicht gesund. Im Gegensatz dazu fühlt sich gesunde Erde leicht an und krümelig im positiven Sinn, weil sie gut durchlüftet ist. Sie atmet, nimmt Wasser auf, leitet es aber auch effizient ab.

Im Folgenden gebe ich dir ein paar wichtige Hinweise zur Auswahl der richtigen Erde:

UNTERSCHIEDLICHE TOPFERDE FÜR VERSCHIEDENE ZWECKE

Vergiss die billige Universalerde aus dem Supermarkt. Es gibt viele verschiedene Pflanzerden, und alle haben ihr spezielles Einsatzgebiet. So erhältst du etwa Rasenerde, Rosenerde, Erde für Zitruspflanzen, Erde für Gehölze und so weiter. All diese Erden haben unterschiedliche Eigenschaften, Besonderheiten und Inhaltsstoffe, die auf den Anbau bestimmter Pflanzengruppen zugeschnitten sind. Um mit dem Anbau von Obst und Gemüse zu beginnen, brauchst du also eine Erde, die speziell auf die Bedürfnisse von Gemüsepflanzen abgestimmt ist. Für Kräuter gibt es Kräutererde.

WÄHLE ÖKOLOGISCH UNBEDENKLICHE BLUMENERDE!

Am besten greifst du zu einer nachhaltigen Erde in Bioqualität, denn sicher willst du deine Nahrung auf Erde anbauen, die rein und unverfälscht ist und nicht mit der chemischen Keule behandelt wurde. Ob die Erde aus ökologisch unbedenklichen Substanzen besteht und wenn ja aus welchen, sollte auf der Verpackung ausgewiesen sein. Ist sie dann noch für den biologischen Gartenbau zertifiziert, umso besser.

WORAUS BESTEHT BLUMEN- BZW. PFLANZERDE IN BIOQUALITÄT?

Bioerde besteht aus einer Mischung mineralischer und organischer Substanzen wie Torf, Ton, Sand, Fasern und Kompost. All diese Substanzen sind wichtig und machen ein gesundes und fruchtbares Substrat aus. Ich weise an dieser Stelle darauf hin, dass viele Pflanz- und Blumenerden Torf enthalten, da er speziell für das Wasseraufnahmevermögen wichtig ist. Allerdings haben Studien auch nachgewiesen, dass die Torfgewinnung aus Mooren zur Freisetzung von Kohlenstoff in die Atmosphäre führt und zur globalen Erwärmung beiträgt – von der Zerstörung der Moore ganz zu schweigen.

Anstelle des zwar vorteilhaften, aber sehr umstrittenen Torfes können Holz- oder Kokosfasern zum Einsatz kommen. Letztere sind meiner Meinung nach gute Alternativen. Sie werden mittlerweile immer häufiger Pflanz- und Blumenerden beigemischt.

TOPFERDE UND ZUSATZSTOFFE SIND VERSCHIEDENERLEI DINGE

Achte beim Einkauf darauf, auch wirklich Erde zu erwischen und nicht nur Zusatzstoffe – mitunter ähnelt sich die Verpackung. Im Grunde ist die Blumen- bzw. Pflanzerde die Basis, während die Zusätze weitere Dünger sind, die man der Erde beimischen kann. Zu Beginn empfehle ich ein bereits vorgedüngtes und gebrauchsfertiges Pflanzsubstrat in Bioqualität.

Je mehr du übers Gärtnern lernst, umso neugieriger wirst du werden, das verspreche ich dir. Du kannst dir zusätzliches Wissen anlesen und später deine Erde selbst zusammenmischen. Dabei wirst du eines Tages sicherlich auch von Stallmist hören oder lesen. Mist ist erstaunlich nützlich und sehr bereichernd für die Erde, er wirkt wie ein großer Diffusor, der die Nährstoffe langsam in den Boden freisetzt. Ein weiteres interessantes Thema, bei dem es sich lohnt, sich damit in Zukunft stärker zu befassen!

DER PH-WERT IM BODEN – EINE KURZE EINFÜHRUNG

Nicht erschrecken, aber bevor du Weiteres über den Anbau von Pflanzen liest, möchte ich ein paar Worte zum pH-Wert in der Blumenerde loswerden – das ist zwar nicht

unbedingt ein obligatorisches Thema, das man im ersten Jahr des Gärtnerns beherrschen müsste, aber es könnte später interessant werden. Außerdem schadet es nicht, schon einmal davon gehört zu haben. Vielleicht regt es dich auch dazu an, dich näher mit diesem faszinierenden Aspekt auseinanderzusetzen.

Wie vom Wasser lässt sich auch vom Boden der pH-Wert bestimmen. Ein pH-Wert von sieben ist neutral. Liegt der pH-Wert unter sieben, ist der Boden sauer. Über sieben ist der Boden basisch.

Es ist eigentlich ganz leicht zu merken: **je kleiner die Zahl, desto saurer das Substrat.** Frisch gekaufte Erde ist meist pH-neutral, ihr pH-Wert liegt zwischen 6,5 und 7,5. Mit der Zeit kann sich dieser Wert allerdings verändern. Das hängt von vielen Faktoren ab, etwa vom pH-Wert deines Gießwassers. Wenn du deine Pflanzen hauptsächlich mit Regenwasser wässerst, wird die Erde eher sauer und der pH-Wert sinkt. Verwendest du hingegen in erster Linie Leitungswasser, kann es umgekehrt sein – der pH-Wert steigt.

WARUM DER PH-WERT WICHTIG IST

Der pH-Wert des Bodens wirkt sich auf die Pflanzen aus, die darin wachsen. Manche Pflanzen, beispielsweise Kartoffeln, wachsen viel besser in saurem Boden (sie mögen es, wenn der pH-Wert ihrer Erde zwischen 4,5 und 6 liegt). Andere wiederum, wie Porree oder Spinat, bevorzugen alkalische, also basische Böden (der pH-Wert sollte zwischen 6 und 8 liegen).

Links: Hochwertige Bioerde ist die Grundlage deines Erfolgs als Gärtner. Daher lohnt es sich, großen Wert auf die Qualität des Substrats zu legen.

Der Hauptvorteil eines leicht sauren Bodens ist, dass Nährstoffe besser von den Pflanzen aufgenommen und schneller assimiliert werden. Zum Glück tolerieren die meisten Obst- und Gemüsepflanzen wie Tomaten, Gurken, Möhren, Zucchini oder Paprika pH-Werte von 5,5 bis 7,5. Fängst du also das Gärtnern mit frischer Erde an, bleibt der pH-Wert gewöhnlich erst einmal in diesem Bereich. Nach mehreren Monaten könntest du dann den pH-Wert deiner Erde genauer untersuchen, ausgehend vom pH-Wert des Wassers. Mehr dazu im Abschnitt über Wasser (siehe Seite 56).

DIE BLUMENERDE LEBT!

Neben all den Merkmalen, die eine gesunde und fruchtbare Erde ausmachen, ist es ein todsicheres Zeichen, wenn es darin vor Leben nur so wimmelt. Wenn ich Leben sage, meine ich natürlich auch das, welches man obenauf beobachten kann – Insekten, kleine Spinnen und andere kleine Tiere. Viel wichtiger ist mir aber das Leben, das man nicht auf den ersten Blick wahrnimmt, weil es unter der Erde, nein, in der Erde stattfindet. In gesunder Erde entwickeln sich die notwendigen Mikroorganismen sowie Pilze und Bakterien. Und wenn du ein bisschen in der Erde bohrst, kannst du vielleicht sogar Regenwürmer beobachten!

Mit etwas Glück entdeckst du einen Kompostwurm in deiner Erde – das ist ein Grund zum Feiern! Als ich zum ersten Mal einen bei mir entdeckt habe, war ich so froh, dass ich vor Freude umhergehüpft bin! Ich hätte nie gedacht, dass mir der Anblick eines Wurms jemals ein so breites Grinsen ins Gesicht zaubern würde! Die Anwesenheit von Kompostwürmern ist nämlich meist ein Zeichen dafür, dass die Erde gesund ist. Und es bedeutet noch mehr: Erstens durchlüften die Würmer die Erde, sie kann besser atmen. Und zweitens ernähren sie sich von organischem Material in der Erde und scheiden den sehr nährstoffreichen, unverzichtbaren Humus wieder aus! Dieser Wurmkot, auch Wurmkompost genannt, ist pures Gartengold – Biodünger in Reinkultur! Er enthält die besten organischen Nährstoffe, die du deinen Pflanzen geben kannst, und entsteht wie von selbst gleich vor Ort im Topf! Aber bis es so weit ist, kann geraume Zeit vergehen, und du musst erst einmal deine Arbeit tun: selbst kompostieren und die richtigen organischen Dünger verwenden.

GREEN LOVE

„Der Schlüssel
zum Erfolg
im Garten ist eine
reichhaltige & gesunde
Erde, die
Leben & Biodiversität
fördert."

Wasser – das blaue Gold:

ANLEITUNG ZUM GIESSEN

Wasser, das „blaue Gold“, ist die Voraussetzung und die Grundlage allen Lebens. Nehmen wir nur die Weltraumforschung: Wenn Forscher und Wissenschaftler nach Leben auf anderen Planeten suchen, schauen sie immer zuerst, ob Wasser vorhanden ist, egal, ob in fester oder flüssiger Form. Man vermutet, dass es durchaus Planeten gibt, die gefrorenes Wasser unter der Oberfläche aufweisen könnten. Wenn wir erst mal in der Lage sind, Proben davon zu nehmen und zu analysieren, könnte manch erstaunliche Entdeckung auf uns zukommen. Aber ehe wir uns fremden Planeten zuwenden, sollten wir uns den eigenen, sehr schönen, einmal genauer ansehen!

Auf unserer wundervollen Erde haben wir das Glück, dass Wasser nicht nur in fester, sondern auch in flüssiger Form vorliegt, und zwar reichlich: 71 Prozent der Erdoberfläche sind mit Wasser bedeckt – Meere, Ozeane, Flüsse, Seen.

Neben dem zum Leben nötigen Trinkwasser verbrauchen wir Wasser im Alltag, nicht selten viel zu viel. Denkt man an den eigenen Tagesablauf – wie oft braucht und verbraucht man Wasser an nur einem einzigen Tag: zum Kochen, zum Zähneputzen, zum Waschen unseres Körpers, unserer Kleidung, des Geschirrs, zum Spülen auf der Toilette. Im Durchschnitt werden in unseren europäischen Haushalten 144 Liter Wasser pro Person und Tag verbraucht[8], das ist enorm!

Da unsere geliebten Pflanzen zum Leben und Gedeihen auch Wasser benötigen, sollten wir unseren Wasserverbrauch clever steuern. Eine große Menge des Wassers, das wir täglich brauchen, kann für die Pflanzen ein zweites Mal verwendet werden und bringt obendrein noch Nährstoffe in den Boden. Doch zunächst wollen wir uns dem Gießen allgemein zuwenden.

GIESSEN, ABER RICHTIG

Gießen habe ich beim Gärtnern gelernt. Ich erinnere mich, dass ich als freches Kind meinen Opa immer geärgert habe, während er die Pflanzen im Garten des Landhauses goss, indem ich den Wasserschlauch so verdrehte, dass kein Wasser mehr floss (tut mir immer noch leid, Opa, entschuldige bitte!). Oder daran, dass ich später, als ich dann selbst goss, es viel lustiger fand, die Blätter zu besprenkeln, weil manchmal ein Regenbogen dabei entstand und außerdem die nassen Blätter, von denen das Wasser troff, viel schöner aussahen.

---

8 European Environment Agency (Europäische Umweltagentur): Water use in Europe

Ich erinnere mich aber auch, dass mein Opa immer wieder zu mir sagte: „Patrick, hör auf, die Blätter zu gießen!"

Nun, es hat eine Weile gedauert, aber inzwischen habe ich es kapiert. Man gießt seine Pflanzen immer direkt dort, wo der Stängel aus der Erde kommt – aus drei Gründen. Es ist effizienter, weil kein Wasser außerhalb der Töpfe ungenutzt wegfließt. Werden die Blätter benetzt, neigen viele Pflanzen, besonders Tomaten oder Zucchini, dazu, Krankheiten wie Mehltau zu entwickeln, deren Erreger Pilze sind. Diese Pilze schädigen die Blätter und können letztendlich die Pflanze zum Absterben bringen.

Was übrigens auch nicht zu vernachlässigen ist: Die Tropfen auf den Blättern wirken bei Sonne wie Brenngläser und führen zu Verbrennungen. Soviel ich weiß, reibt sich keine Pflanze mit Sonnencreme ein ... Also denke immer daran: nur am Stängelgrund gießen! So müssen die Pflanzen nicht dürsten und sind dankbar und zufrieden!

DER BESTE ZEITPUNKT ZUM GIESSEN

Die kurze Antwort: niemals tagsüber, besonders nicht in den heißen Sommermonaten. Da Wasser schnell verdunstet, wäre das einfach nur Verschwendung. Wenn die Sonne richtig herunterbrennt, ist der Boden auch wärmer, und wenn man dann mit kaltem Wasser gießt, kann das zu einem Kälteschock führen, der die Wurzeln der Pflanzen möglicherweise schädigt.

Der ideale Zeitpunkt ist bei Sonnenaufgang am frühen Morgen oder bei Sonnenuntergang am späten Abend. Es gibt viele Theorien, die besagen, dass der Morgen besser sei, aber probiere beides aus und urteile dann selbst. Auch wenn das Gießen manchmal lästig erscheinen mag, ist es doch eine wunderbare Gelegenheit, sich einen Moment lang zu entspannen und die Pflanzen näher zu betrachten. Für mich ist das im Sommer wie ein Meditationsritual – ich denke über mich selbst nach und genieße einen friedlichen Moment, der mir guttut.

WIE OFT SOLL ICH MEINE PFLANZEN GIESSEN?

Jede Pflanze hat einen anderen Wasserbedarf. Und wie alles in der Natur hat auch das Gießen etwas mit Balance und Ausgewogenheit zu tun. Zu viel Wasser schadet den Pflanzen meist. Doch andererseits ist auch zu wenig Wasser höchst problematisch. Wenn die Pflanzen unter Wassermangel leiden, machen sich heftige Anzeichen dafür bemerkbar. Die Blätter hängen schlaff nach unten,

Rechts: Gegossen wird stets im Wurzelbereich der Pflanzen, ohne dabei deren Blätter zu benetzen.

rollen sich ein, verlieren an Struktur und Textur. In so einem Fall muss dringend gegossen werden. Ich stecke oft einfach einen Finger in die Erde, und wenn sich nicht nur die Oberfläche trocken anfühlt, sondern auch die Erde tiefer im Topf, dann wird es Zeit, dass ich gieße.

Noch ein wichtiger Hinweis: Wenn die Erde trocken ist, niemals zuerst mit Düngerwasser gießen! Immer erst mit etwas purem Wasser und erst später mit Düngerwasser, sofern überhaupt nötig. Im letzten Teil des Buches werde ich auf den Wasserbedarf der einzelnen Obst- und Gemüsearten eingehen.

WELCHES WASSER IST DAS BESTE FÜR DIE PFLANZEN?

Dieses Thema spaltet die Gärtnerschaft, man findet alle möglichen, unmöglichen und völlig gegenteiligen Meinungen. Manche sagen, man solle ausschließlich Regenwasser verwenden, andere sehen das differenzierter. Ich versuche, die wichtigsten Fakten darzulegen, sodass du dir eine eigene Meinung bilden kannst. Ein gutes Beispiel liefere ich auch.

Für Regenwasser sprechen offensichtliche Gründe. Es ist natürlich, umweltfreundlich, wirtschaftlich sehr sinnvoll und enthält Nitrate in kleinen Mengen, das sind Ionen aus der Stickstofffamilie, die die Pflanze als Nährstoff verwertet und die nützlich für die Entwicklung der grünen Pflanzenteile sind. Regenwasser ist schwach sauer, es senkt den pH-Wert des Bodens, was sich positiv auf die Freisetzung von Mikronährstoffen im Boden auswirken kann.

Im Gegensatz dazu ist Leitungswasser oft eher alkalisch, was den pH-Wert des Bodens hebt. Es kann mitunter auch Fluorid enthalten sowie Chlor zur Desinfektion. Wir Menschen profitieren davon, die Pflanzen aber eher nicht.

Doch bevor du eine vorschnelle Entscheidung triffst, solltest du die Zusammensetzung des Trinkwassers an deinem Wohnort erfragen, denn die kann von Land zu Land und sogar von Stadt zu Stadt sehr unterschiedlich sein. Hier ein Beispiel anhand zweier Städte.

WASSERANNALYSE FÜR AMSTERDAM UND BERLIN

Das Leitungswasser in Amsterdam, wo ich früher gelebt habe, ist weich und enthält nur wenig Kalzium und Magnesium. In Berlin dagegen, wo ich jetzt lebe, ist es hart und weist einen hohen Kalzium- und Magnesiumgehalt auf. Wie du siehst, könnte die Trinkwasserzusammensetzung unterschiedlicher kaum sein.

In Amsterdam regnet es viel, sodass die Pflanzen regelmäßig Regenwasser abbekommen und der Boden eher sauer ist. Oft bemerkte ich einen Mangel an Kalzium und Magnesium an meinen Pflanzen. Sobald sie neue Blätter bekamen, waren diese kleiner, gelb und eingerollt. Vielleicht hing es damit zusammen, dass das Leitungswasser, mit dem ich meine Pflanzen gegossen habe, nicht die benötigten Nährstoffe lieferte. Im Fall von Amsterdam würde der Boden also – egal mit welchem Wasser gegossen wird – zusätzlich noch Kalzium und Magnesium benötigen, was durch Dünger und Zusatzstoffe sicherzustellen wäre.

In Berlin hingegen liefert schon das Leitungswasser Kalzium und Magnesium. Hier könnte also die abwechselnde Verwendung von Leitungs- und Regenwasser für eine bessere Balance zwischen pH-Wert und Nährstoffen führen. Allerdings gilt es auch hier aufzupassen. Denn zu viel Kalzium und Kalk können wiederum zu einer „Barriere" rund um die Wurzeln führen. Und diese Barriere konnte die Pflanze daran hindern, andere Nährstoffe aufzunehmen.

Wie du siehst, ist es schwer, eine eindeutige allgemeingültige Aussage zu treffen. Es hängt stark davon ab, wo man lebt. Insofern ist es unumgänglich, die Zusammensetzung des Trinkwassers in deiner Gegend bei den zuständigen Behörden zu ermitteln. Mach dir am besten selbst ein Bild, welche Gegebenheiten vor Ort herrschen und worauf du dich einzustellen hast, wenn du dein Gemüse auf dem Balkon oder der Terrasse anbaust.

Falls du den pH-Wert deiner Erde bestimmen möchtest, gibt es pH-Bodentests im Internet oder Fachhandel zu kaufen. Auch den pH-Wert deines Wassers kannst du bestimmen, es gibt spezielle Teststreifen dafür.

Regentonnen (ganz oben) bieten die beste Gelegenheit, Niederschlagswasser in großem Stil aufzufangen. Wer nicht so viel Platz für eine Tonne hat, findet in Regenketten (oben) eine adäquate und attraktive Alternative.

REGENWASSER AUFFANGEN, ABER WIE?

Egal, wofür du dich entscheidest, Regenwasser ist kostenlos zu haben und das Natürlichste auf der Welt. Daher ist es immer von Vorteil, Regenwasser aufzufangen. Hier sind ein paar Ideen dazu:

- **Regentonne, Regenwassertank, Zisterne:** Wer viel Platz auf einer Terrasse hat, sollte Regenwasser in einem großen Gefäß auffangen. Es sollte möglichst geschlossen oder abgedeckt sein, damit sich keine Mückenlarven darin tummeln. Eine Regentonne ist sicherlich keine billige Lösung und auch nicht die platzsparendste, aber auf lange Sicht wird sie sich auf alle Fälle lohnen. Für einen kleinen Balkon sind große Tonnen allerdings zu schwer.
- **Regenablaufketten:** Wer weniger Platz hat, kann dennoch Regenwasser sammeln. Einfach die Gießkanne immer dorthin stellen, wo bei Regen besonders viel Wasser ankommt. Mich begeistern außerdem sogenannte Regenketten! Eine billige und gute Lösung. Man hängt sie weiter oben auf, an Balkonüberdachung oder Dachüberstand etwa, wo bei Regen Wasser zusammenläuft. Es fließt an der Kette entlang herab, am unteren Ende stellt man eine Gießkanne darunter, fertig. Obendrein ist so eine

Kette oft dekorativ, es gibt wirklich witzige Varianten, die dem urbanen Garten eine besondere Note verleihen.

- **Wiederverwertung eines Behälters:** Wer einen Behälter mit einigermaßen großem Fassungsvermögen hat, kann auch damit Regenwasser auffangen. Man muss ihn nur abdecken, wenn es nicht regnet. In so einem Behälter lässt sich auch das wiederverwendbare Wasser aus dem täglichen Verbrauch sammeln.

TÄGLICHES BRAUCHWASSER WIEDERVERWENDEN

Zusätzlich zum Regenwasser, das uns die Natur freundlicherweise kostenlos zur Verfügung stellt, sollte man auch über das Wasser nachdenken, das wir täglich verbrauchen. Ein guter Teil davon lässt sich ein zweites Mal verwenden – zum Gießen der Pflanzen. Hier ein paar Möglichkeiten, die leicht umzusetzen sind:

- **Kochwasser vom Eierkochen:** Dieses Wasser lässt sich komplett zum Gießen nutzen, nur muss es vorher natürlich abgekühlt sein. Pflanzen dürfen grundsätzlich niemals mit kochendem Wasser gegossen werden!
- **Wasser aus dem Aquarium:** Dieses Wasser ist komplett zum Gießen nutzbar, zudem liefert der Fischkot dem Boden hervorragende Nährstoffe. Es gibt bereits hydroponischen[9] Gemüseanbau, der ausschließlich auf die Nutzung von Fischkot setzt!
- **Kochwasser vom Gemüsekochen:** Solange es kein Salz enthält, eignet sich Gemüsekochwasser ausgezeichnet zum Gießen. Was man beim Kochwasser von Reis und Pasta leider nicht sagen kann – es enthält Stärke und ist überhaupt nicht geeignet.
- **Badewasser:** Auch dieses kann zum Gießen wiederverwendet werden, sofern nur Bio- bzw. Naturseife in sehr kleinen Mengen verwendet wurde.
- **Tee- oder Kaffeereste:** Wenn du deinen Tee oder Kaffee nicht ausgetrunken hast, mische ihn mit Wasser. Solange du keinen Zucker oder andere Zusätze hineingetan hast, kannst du die verdünnten Reste zum Gießen verwenden.

Diese sehr konkreten Beispiele sollen dir ein Denkanstoß sein, denn auf so einfache und clevere Weise lässt sich tägliches Brauchwasser ein zweites Mal verwenden.

9 Hydroponik ist eine Art des Gartenbaus und verwandt mit der Hydrokultur, bei der Pflanzen, in der Regel Nutzpflanzen, statt in Erde in mineralischen Nährlösungen auf Wasserbasis angebaut werden.

Kompost und Bokashi:

ABFALL IN PFLANZENNAHRUNG VERWANDELN

Zu Hause zu kompostieren oder Dünger zu erzeugen ist nicht schwer und macht uns den perfekten Nahrungskreislauf bewusst: Alles ist im Gleichgewicht, alles ist miteinander verbunden, nichts wird verschwendet, alles wird verwendet – auf ziemlich ausgefuchste Weise! Das Gemüse, das wir essen, sättigt uns und versorgt uns mit notwendigen Nährstoffen, Vitaminen, Mineralien und Kalorien. Manches essen wir nicht, z. B. Apfelsinenschalen, Kerngehäuse von Äpfeln, Radieschenblätter. Diese organischen Abfälle sollten auf keinen Fall im Hausmüll landen, denn sie bilden die Grundlage für wertvollen Kompost und fantastischen Dünger – organisch und handgemacht.

Um **Kompost** selbst herzustellen, hast du die Wahl zwischen mehreren verschiedenen Methoden wie Wurmkompostierung (es gibt kleine Wurmkompostierer für den Hausgebrauch) oder Thermokomposter. Dabei verrottet das organische Material und verwandelt sich in eine erdähnliche Substanz. Das funktioniert zwar sehr gut, riecht aber manchmal ein bisschen streng. Der Kompost ist zwar **hochwertige „Erde"**, aber relativ nährstoffarm. Du kannst reichlich gut verrotteten Kompost beim Ein- oder Umtopfen mit in das Pflanzgefäß geben.

Ich persönlich empfehle dir die simple und platzsparende Methode namens **Bokashi**. Sie ist sehr einfach zu handhaben und verströmt keine Gerüche, falls der Bokashi-Eimer nicht im Freien, sondern in der Wohnung stehen sollte. Im Grunde ist Bokashi nichts weiter als ein Kunststoffgefäß für all deine Bioabfälle. Ein Bokashi braucht wirklich nicht viel Platz, ist aber für deine Erde und damit für deine Pflanzen äußerst förderlich. Beim Bokashi entsteht kein Kompost, da die Abfälle nicht verrotten, sondern fermentiert werden. Bei der Zersetzung des organischen Materials durch Milchsäurebakterien, Hefen und Fotosynthesebakterien entsteht ein sehr **nährstoffreicher Dünger**.

Meist wird die Bokashi-Box zusammen mit einem Pulver oder Spray verkauft, das die Mikroorganismen enthält, die den Fermentationsprozess in Gang bringen und vorantreiben. Immer wenn du neue Bioabfälle hineingibst, verteilst du etwas davon darüber. Unten am Gefäß findest du einen kleinen Hahn. Damit kannst du jede Woche den **Bokashi-Saft**, der sich beim Zersetzen bildet, ablassen und auffangen. Der Saft riecht etwas ungewöhnlich, nicht erschrecken! Aber du sollst ihn ja auch nicht als Frühstücks-Smoothie trinken. Diese gehaltvolle Flüssigkeit tut deiner

So funktioniert ein Bokashi-Eimer: Oben steckt man Küchenabfälle hinein und unten am Hahn zapft man den nährstoffreichen Saft ab, der beim Fermentieren entsteht und durch ein Gitter abtropft. Bokashi-Saft und -Pulpe haben einen sehr niedrigen pH-Wert und müssen verdünnt werden.

Erde und deinen Pflanzen gut, denn sie enthält viele gesunde Nährstoffe. Du brauchst nur 100 Milliliter der Flüssigkeit mit einem Liter Wasser zu mischen oder aber du gibst einen Liter Bokashi-Saft in eine Zehn-Liter-Gießkanne und füllst mit Wasser auf. Damit gießt du nun deine Pflanzen, die auf diese Weise ihre regelmäßige Dosis natürlichen Düngers erhalten.

Wenn der Bokashi-Eimer nach anderthalb Monaten voll ist, kannst du weiterhin den wertvollen Saft abzapfen und darüber hinaus auch noch die Box öffnen, um die unteren Schichten fermentierter Bioabfälle zu entnehmen. Egal, wie du das Ergebnis nennst – Gärgut, Bokashi-Pulpe, Bokashi-Dünger –, du brauchst nur ein kleines Loch in die Erde zu buddeln, dann die fermentierte Masse hineinzufüllen, anschließend wieder Erde obendrauf zu geben und gut. Die **Bokashi-Pulpe** ist pures Gold für den Boden, sie zersetzt sich in der Erde weiter und düngt sie, indem sie viele gesunde Nährstoffe freisetzt.

Zusammenfassend lässt sich sagen: Die Gemüseteile, die nicht den Menschen ernähren, nähren stattdessen durch Zersetzung die Erde und tragen dazu bei, dass neues Gemüse wächst. Ein wunderbarer natürlicher Kreislauf! So gewinnen wir guten Naturdünger und reduzieren obendrein Abfall. Organische Abfälle in den Bokashi zu schichten macht viel mehr Spaß, als volle Mülleimer zu schleppen! Und du wirst viel achtsamer sein hinsichtlich des Abfalls, den du täglich produzierst. Denn noch mehr Müll ist das Letzte, was unser Planet braucht.

Zusätzliche Düngemittel zur

VERSORGUNG VON ERDE UND PFLANZEN

Kompost stellt den Pflanzen zwar sehr wichtige, gesunde Nährstoffe zur Verfügung, aber besonders in Töpfen und Kästen benötigen Erde und Pflanzen unbedingt noch zusätzliche Düngung. Wie du schon weißt, enthält auch neue Pflanz- und Blumenerde nach durchschnittlich sechs Wochen nicht mehr genügend Nährstoffe. Zwar trägt der Bokashi-Saft hilfreich zur Nährstoffversorgung bei, dennoch werden zusätzliche Dünger benötigt, um das Pflanzenwachstum zu fördern. Hier sollte man möglichst Biodünger bevorzugen, die für den ökologischen Gartenbau zertifiziert sind. Naturprodukte haben die erstaunlichsten Eigenschaften, künstlich erzeugte umweltschädliche Chemikalien kann man hingegen getrost weglassen.

Im Folgenden gehen wir die Grundlagen des Düngens durch, wann gedüngt werden sollte und wie man Düngemittel selbst herstellen kann, indem man Teile des Küchenabfalls mal abgesehen vom Kompostieren und Fermentieren (Seite 60) wiederverwendet.

DIE VERSCHIEDENEN ARTEN VON DÜNGEMITTELN

Organische Dünger gibt es in flüssiger Form, als Pulver oder als Granulat. Welche Variante zu bevorzugst, bleibt dir überlassen.

Flüssigdünger haben den Vorteil, dass sie sich leicht mit Wasser mischen lassen. Düngepulver lässt sich einfach auf die Bodenoberfläche aufstreuen, durch sanftes Gießen löst es sich auf und dringt in den Boden ein. Ich ziehe diese beiden Formen Granulaten vor, die länger brauchen, um sich aufzulösen und in der Erde zu verteilen.

Die Inhaltsstoffe organischer Dünger sind breit gefächert und stammen von Tieren oder Pflanzen. Konkrete Beispiele sind tierische Dünger, die aus Mist (von Schafen, Kühen, Hühnern), Meerestieren (Schalen- und Krustentiere, Fischemulsion), Seevogel- oder Fledermausdung (Guano) oder sogar Knochenmehl hergestellt werden. Auch gibt es rein pflanzliche Düngemittel, die aus Tang und Algen, Mais, Soja, Brennnesseln oder Beinwell erzeugt werden.

Wie du siehst, gibt es viele Optionen. Entscheide anhand deiner persönlichen Überzeugungen und Vorlieben selbst, welche Produkte du verwenden möchtest. Lebst du vegan, wirst du tierische Produkte vermeiden wollen, aber zum Glück gibt es jede Menge Biodünger auf pflanzlicher Basis. Durch Ausprobieren wirst du dein eigenes Geheimrezept finden! Ich persönlich verwende neben

Dünger Marke Eigenbau: Kaffeesatz hilft Kartoffeln, Bananen-Wasser eignet sich gut zum Gießen, und Eierschalen liefern ein prima Kalzium-Pulver.

meinem selbst gewonnenen Bokashi-Saft und Bokashi-Pulpe hauptsächlich Biodünger aus Brennnesseln oder Algen, aber auch Seevogeldung. Sie müssen zur richtigen Zeit im Lauf des Wachstumszyklus eingebracht werden, doch darauf gehe ich später noch genauer ein (siehe Seite 113).

DER VORTEIL VON VOLLDÜNGERN (NPK-DÜNGER) UND WIE SIE WIRKEN

Falls du in der Schule das Fach Chemie nicht besonders mochtest, wird der folgende Abschnitt womöglich Erinnerungen an schmerzliche Momente bei dir wecken! Aber keine Angst, das Gärtnern zwingt niemanden, Chemie zu studieren, doch es ist notwendig, die allgemeinen Prinzipien zu kennen und zu verstehen.

Alle Dünger haben einen sogenannten NPK-Wert. Die Buchstaben N, P und K stehen für drei wichtige Makronährstoffe, das bedeutet Hauptnährstoffe, die Pflanzen zum Wachsen benötigen. Es handelt sich dabei um die chemischen Elemente Stickstoff (N), Phosphor (P) und Kalium (K). Neben den chemischen Elementsymbolen sind Zahlen angegeben, die die Konzentration des Elements im Dünger angeben. Steht 1-5-2 auf der Verpackung, kannst du daraus schließen, dass er wenig Stickstoff, besonders viel Phosphor und relativ wenig Kalium enthält. Aber was bedeutet das nun für Erde und Pflanzen?

DIE NPK-WERTE UND IHRE BEDEUTUNG

Jedes dieser drei Nährelemente hat eine spezifische Funktion und spielt an entsprechender Stelle im Vegetationszyklus der Pflanze eine entscheidende Rolle.

- **(N) Stickstoff** wirkt sich sehr positiv auf das Wachstum des Blattgrüns und aller Stängelteile aus. Er ist eine wichtige Voraussetzung für ein gutes Wachstum im Frühstadium und für die Fotosynthese.

Zusätzliche Dünger lassen sich leicht selbst herstellen, etwa indem man Eierschalen zerstößt (ganz oben). Oder man greift zu einem Mehrnährstoffdünger (oben), den man im Fachhandel erhält.

- **(P) Phosphor** beeinflusst hauptsächlich die Entwicklung der Wurzeln und die Blühphase. Er spielt eine bedeutende Rolle in der Fruchtphase, also wenn die Pflanze das eigentliche Obst und Gemüse hervorbringt.
- **(K) Kalium** wirkt sich auf die allgemeine Vitalität der Pflanze aus und sorgt für bessere Immunität gegen Krankheiten. Es ist für die Pflanzengesundheit sehr wichtig.

Wie du siehst, sind diese drei Makronährstoffe von großer Bedeutung, und sie ergänzen sich. Allerdings braucht die Pflanze zu einer bestimmten Zeit im Vegetationszyklus mal mehr von dem einen Element, zu einer anderen Zeit dagegen mehr von dem anderen. Daher ist es wichtig, den richtigen Dünger zur richtigen Zeit zu verwenden (siehe Seite 113).

WIE OFT SOLL ICH DÜNGEN?

Nachdem frische Erde ausreichend Nährstoffe für lediglich circa sechs Wochen enthält, ist danach im Allgemeinen alle zwei bis drei Wochen nachzudüngen. Es kommt dabei aber immer auf die richtige Balance an – in diesem Fall auf die richtige Dosierung. Du solltest deine Pflanzen also nicht überdüngen, denn zu viel Dünger lässt sie nicht besser wachsen, sondern schädigt sie. Sei daher achtsam und gib den Pflanzen genügend Zeit, die Nährstoffe, die sie brauchen, zu assimilieren.

Im Idealfall wird rotierend gedüngt: Eine Woche bringst du nur den Bokashi-Saft aus, in der nächsten Woche dann verabreichst du deinen Pflanzen den notwendigen Dünger zusammen mit nur wenig Saft aus dem Bokashi-Eimer.

EINFACHE ORGANISCHE DÜNGER MARKE EIGENBAU

Neben Düngern, die man fertig kauft, gibt es auch noch ein paar weitere, die nichts kosten. Man hat sie in Form von Küchenabfällen in der Regel meist ohnehin zu Hause und kann sie clever einer zweiten Nutzung zuführen. Hier ein paar Beispiele:

- **Bananenschalen:** Wer gern Bananen isst, kann sich mühelos und mit schönster Regelmäßigkeit seinen Bananendünger bereiten. Einfach die Schale einer Biobanane in ein Liter Wasser legen und zwei Tage ruhen lassen. Das so entstandene Gießwasser ist nun angereichert mit Kalium, Phosphor und Kalzium. Die durchweichte Bananenschale wandert in die Bokashi-Box.
- **Kaffeesatz:** Trinkst du gern Kaffee? Das ist praktisch, denn du kannst den Satz als kostengünstigen Dünger verwenden. Lass ihn zunächst trocknen und arbeite ihn dann in die Erde ein. Kaffeesatz liefert Stickstoff, Kalzium und Magnesium, ist allerdings auch schwach sauer und kann damit den pH-Wert deiner Erde senken. Für Kartoffeln beispielsweise ist er der ideale Dünger.
- **Teeblätter:** Ähnlich wie Kaffee ist auch Tee eine großartige natürliche Nährstoffquelle für die Erde. Du hast zwei Möglichkeiten: Entweder gibst du die aufgebrühten Teeblätter in den Bokashi-Eimer oder du verteilst sie einfach auf der Topferde. Teebeutel sollten dazu geöffnet werden, da man nie weiß, ob sie nicht aus synthetischen Materialien bestehen.
- **Eierschalenpulver:** Eierschalen sind die reinen Kalziumbomben. Wenn wir sie also schon nicht selbst essen, warum soll man sie nicht anderweitig verwerten? Problematisch ist, dass sie sehr, sehr lange brauchen, um sich zu zersetzen und von der Erde aufgenommen zu werden. Also ab in den Mixer damit oder anderweitig fein zerstoßen. Das feine Pulver kannst du anschließend im Boden vergraben.

Ich hoffe sehr, dass meine Ausführungen über Dünger informativ und hilfreich waren. Weitere Infos, auch welche Dünger zu welchem Zeitpunkt im Wachstumszyklus verwendet werden sollten, findest du im Abschnitt „Die drei Vegetationsphasen“ (siehe Seite 81).

„Neue Erde enthält Nährstoffe für ungefähr sechs Wochen. Dann gilt es, den richtigen Biodünger zuzuführen."

3
4
2
1
3

Die wichtigsten Werkzeuge

FÜR DAS URBAN GARDENING

Im Gegensatz zum Gärtnern im Hausgarten stehen beim Urban Gardening keine großen Investitionen in teure Gartengeräte an. Um Pflanztöpfe zu beackern, sind weder große Gerätschaften noch ein teurer Maschinenpark vonnöten. Hier habe ich die für den Anfang nützlichen Werkzeuge aufgelistet. Manche muss man kaufen, manche lassen sich aber auch durch zweitverwertete Küchenutensilien ersetzen, die man einfach zweckentfremdet. Je nach Anbauplatz und Finanzkraft kannst du selbst entscheiden, was du nimmst.

Dennoch empfehle ich die Verwendung hochwertiger Gartenwerkzeuge. Billige sind oft aus Kunststoff hergestellt, der noch nicht einmal recycelt wurde, gehen aber trotzdem schnell kaputt und enden im Müll. Wenn du mich fragst, ist das eine doppelte Verschwendung! Werkzeuge aus Stahl dagegen sind robust, und wenn man sie vor Rost schützt, halten sie meist lange. Die nächsten Jahre wirst du sicherlich weiter gärtnern – und immer noch Freude haben an den ersten Werkzeugen, die du dir je gekauft hast.

1. **Pflanzkelle** (oder ein großer Löffel): Praktisch zum Mischen der Erde und zum Pflanzen von Setzlingen.

2. **Gartenschere** (oder eine kräftige Küchenschere): Hilft dir bei der Ernte, aber auch beim Zurückschneiden der Pflanzen, einer wichtigen Pflegemaßnahme bei vielen Obst- und Gemüsearten.

3. **Handrechen bzw. -harke** (oder eine große Gabel): Nützlich zum Auflockern des Bodens und beim Furchenziehen.

4. **Pflanz- bzw. Setzholz** (oder ein Bleistift): Sehr nützlich beim Aussäen von Samen.

Nebst Werkzeug brauchst du außerdem eine **Gießkanne** (oder große Flaschen): Eine Zehn-Liter-Gießkanne reicht aus, um die Pflanzen zu gießen, aber auch, um Bokashi-Saft oder Dünger zu verdünnen bzw. in Wasser aufzulösen. Ist ein Wasserhahn in der Nähe, geht das Gießen mit einem Schlauch definitiv schneller, besonders im Sommer. Wegen des Düngens ersetzt er die Gießkanne aber nicht.

Blumen und Bestäuber –

UNSERE BESTEN VERBÜNDETEN

Bestäuber wie Bienen und Hummeln haben einen entscheidenden Anteil am Erfolg des Gärtnerns. Um sie anzulocken, sind Blumen als Bündnispartner am hilfreichsten.

Genau betrachtet haben wir ein inniges Verhältnis zu Blumen. Sie sind aus zahlreichen Momenten im Leben nicht wegzudenken. Wir schenken Blumen zu Hochzeiten und Geburtstagen, um Danke zu sagen oder unser Beileid zu bekunden und die Gräber unserer Verstorbenen zu schmücken. Letzteres ist nicht einmal neu, schon zu Zeiten des Neandertalers wurden Blumen in Gräber gelegt. Blumen sind dekorativ, symbolisieren bestimmte Momente, werden aber auch wegen ihres herrlichen Dufts zur Herstellung von Parfüm oder Seife verwendet. Außerdem essen wir einige – es gibt eine ganze Reihe genießbarer Blüten. Im Grunde kommen wir an Blumen nicht vorbei, aber warum sollten wir auch? Seit 150 Millionen Jahren gibt es sie auf unserem Planeten, sie machen mittlerweile 90 Prozent unserer Pflanzenwelt aus!

Man kann Blumen also nicht hoch genug schätzen. Du wirst begreifen, dass blühfreudige Blumen unsere besten Verbündeten sind, wenn es darum geht, Bestäuber anzulocken, aber auch bestimmte Schädlinge im Zaum zu halten oder abzuwehren.

Der Gemüseanbau lässt sich nicht trennen vom Blumenanbau. In meinem ersten Jahr des Gärtnerns habe ich die Notwendigkeit von Blumen zum Anlocken von Bestäubern eindeutig unterschätzt. Ich sah, wie meine Gemüsepflanzen wuchsen, entdeckte ein paar Blüten daran und dachte mir, die Bestäuber werden schon kommen. Klar, ein paar Insekten schauten vorbei, aber nicht so viele, wie nötig gewesen wären. Wenn Gemüsepflanzen blühen, müssen sie bestäubt werden, nur dann entstehen Früchte. Ohne Bestäubung findet dieser natürliche Schöpfungsprozess einfach nicht statt. Die Ausbeute an Gemüse war entsprechend mager!

Hätte ich in jenem ersten Jahr mehr Blumen gezogen, wären mehr Bestäuber auf meinen Balkon gekommen und hätten mehr Blüten bestäubt. Damit hätten sie mir eine viel reichere Gemüseernte beschert.

Das bedeutet mit anderen Worten: kein Gemüseanbau auf dem Balkon ohne gleichzeitiges Anpflanzen und Pflegen von Blumen! In gewisser Weise ernähren dich die Blüten ja auch – es ist eine klassische Win-win-Situation. Und denk beim nächsten Honigkauf daran, dass vielleicht auch die Blumen in deinem kleinen urbanen Gartenparadies dazu beigetragen haben!

WENN DAS SUMMEN UND BRUMMEN VERSTUMMT

Unsere Bienen in ländlichen Gegenden haben wegen des Einsatzes von Pestiziden, chemischen Keulen und der Zunahme der intensiven Landwirtschaft stark zu kämpfen. In Kalifornien werden in riesigen Dimensionen Mandeln angebaut, die Felder erstrecken sich über mehr als 130.000 Hektar! Weltweit kommen vier von fünf Mandeln aus Kalifornien. Damit diese Mandeln wachsen, ist die Bestäubung durch Bienen unerlässlich, doch es gibt ein Problem: Es sind nicht genügend Bienen vor Ort vorhanden! Und so ziehen in der Saison Imker aus den gesamten USA mit ihren Bienenstöcken nach Kalifornien und verleihen ihren Bienenstock einen Monat lang an die Mandelproduzenten.

Dieses Vorgehen zieht zwei weitere Probleme nach sich: Wenn sich viele Bienenvölker in einer Gegend konzentrieren, fehlen sie und damit die natürliche Bestäubung in anderen Gegenden, die sie ebenfalls nötig hätten. Und, noch schlimmer, der Einsatz von Pestiziden auf den Mandelfeldern wirkt sich auf die Bienenvölker verheerend aus. Manche Imker verlieren wegen des Stresses beim Transport und wegen des Einsatzes todbringender Insektizide bis zu 30 Prozent ihrer Bienenvölker. Was können wir tun? Auf alle Fälle unseren Mandelkonsum reduzieren. China geht anders vor: Anstatt einer saisonalen Migration von Bienenvölkern werden dort Arbeiter beschäftigt, die die vielen Hektar Birnenbäume von Hand bestäuben. 20 Arbeiter für die Arbeit einer Biene! Eine traurige Tatsache, die aber Bände spricht und anschaulich macht, wie sehr wir auf Bienen angewiesen sind und wie wichtig es ist, sie zu schützen.

BIENEN IN DER STADT

Im Gegensatz dazu scheinen sich Bienen im Herzen unserer Großstädte besonders gut zu entwickeln. Das ist eine gute Nachricht. Die Stadtimkerei wird immer beliebter, und so gibt es inzwischen rund 1000 Bienenstöcke allein in Paris!

Aber wie bei allem in der Natur läuft es auf ein Gleichgewicht hinaus, das in diesem Fall gestört ist. Die Zunahme der Imkerei erhöht die Population der als Nutztiere gehaltenen Honigbienen, die dann aber für Wildbienen eine erdrückende Konkurrenz darstellen. Wildbienen produzieren zwar keinen Honig, tragen aber in hohem Maße zur Artenvielfalt bei. Studien haben gezeigt, dass es notwendig ist, die Population der domestizierten Honigbienen zu regulieren, indem die Zahl neuer Bienenstöcke begrenzt wird.

„Wer Nahrung anbaut, muss auch Blumen anbauen, denn sie ziehen Bestäuber an.“

Für alle, die gärtnern, ist dieser Anstieg der Bienenpopulation natürlich von Vorteil. Mehr Bestäuber denn je summen und brummen durch unsere Städte, also wollen wir sie willkommen heißen und ihnen Nahrung anbieten, indem wir mehr Blumen in unserer städtischen Umgebung wachsen lassen.

ARTEN DER BESTÄUBUNG

Die Bestäubung unserer Gemüse- und Obstpflanzen findet auf unterschiedliche Weise statt, hier die beiden wichtigsten:

- **Selbstbestäuber:** Diese Pflanzen bringen Blüten hervor, die sich durch ihren eigenen Pollen selbst bestäuben. Dieselbe Blüte enthält das männliche Blattorgan mit dem Staubbeutel, der den Pollen produziert, und das weibliche Blattorgan mit der Narbe. Das ist beispielsweise bei Tomaten, Erbsen und Bohnen der Fall. Durch den Wind oder die Bienen gelangt der Pollen auf die Narbe, was den Bestäubungsprozess einleitet.
- **Fremdbestäuber:** Bei diesen Pflanzen stammt der Pollen von einer anderen Blüte derselben Pflanzenart. Damit die Früchte entstehen, muss eine Biene oder Hummel verschiedene Blüten anfliegen und Pollen von einer Blüte auf die Narbe einer anderen Blüte übertragen. Theoretisch ginge das sogar innerhalb ein und derselben Pflanze („Nachbarbestäubung"). Da männliche und weibliche Blüten aber oft nur kurz zeitgleich blühen, ist das ein Glücksspiel. Du erhöhst die Chancen, wenn du mehrere Pflanzen anbaust – oder nachhilfst (siehe Infos zu den einzelnen Sorten). Zucchini z. B. bilden männliche und weibliche Blüten an einer Pflanze aus. Aus der bestäubten weiblichen Blüte entwickelt sich dann die Frucht.

BLUMEN IN HÜLLE UND FÜLLE – SO LOCKT MAN BESTÄUBER AN!

Je mehr Blumen, umso besser! Bienen verfügen über ein ausgezeichnetes Farbsehvermögen und besuchen am liebsten blaue, weiße, lila und gelbe Blüten. Viele Blumen verströmen zusätzlich einen unwiderstehlichen Duft, der ebenfalls Bestäuber anlockt.

Im Folgenden liste ich meine bevorzugten Hummel- und Bienenlockblumen auf, wobei ich vor allem Phazelien und Zinnien empfehlen möchte. Als Schnittblumen sieht man sie kaum, aber sie sind wunderschön, sehen ganz natürlich aus und bei Bestäubern sehr beliebt.

- **Rainfarn-Phazelien**: Auch Bienenfreund oder Büschelschön genannt. Imker nutzen sie als Bienenweide, und auch ich kann sie wärmstens empfehlen. Die hübschen lila Blüten sind für Bienen definitiv ein Fest!

Nektarreiche bunte Blumen wie die Blüten des Hokkaido-Kürbis (rechts) und die Kapuzinerkresse (rechts unten) ziehen Insekten und damit potenzielle Bestäuber an.

- **Zinnien:** Sie lassen sich besonders einfach ziehen und fühlen sich sogar in einem Kasten auf der Fensterbank wohl. Die Blüten sind reich an Nektar und locken daher alle möglichen bestäubenden Insekten an, oft auch Marienkäfer und Schmetterlinge. Zinnien gibt es in vielen Farben.
- **Lavendel:** Abgesehen von seinem Duft, der nach Sommer riecht, gehört er definitiv in jeden Garten.
- **Gänseblümchen:** So einfach, so bezaubernd, so allerliebst! An ihnen werden sich die Bienen sicher laben. Sie lassen sich ganz einfach in Töpfen und Gefäßen ziehen.
- **Sonnenblumen:** Sie sind nicht nur wunderschön, sondern eignen sich auch ideal zum Anlochen von Bestäubern. Man kann sie im Topf aus Samen ziehen.

BLUMEN ALS BIODIVERSITÄTSTURBO UND SCHÄDLINGSBEKÄMPFER

Solltest du noch immer nicht davon überzeugt sein, dass Blumen ein überaus strategischer Partner sind, wird dich das Folgende vielleicht umstimmen. Abgesehen davon, dass Blumen die notwendigen Bestäuber anlocken, können einige von ihnen bei der Schädlingskontrolle behilflich sein. Manche Blumen vertreiben tatsächlich lästige Pflanzenschädlinge, aber ich denke, die bessere Strategie ist es, den Schädlingen einen Platz zuzuweisen, wo sie leben können, ohne zu stören, und wo du sie gut unter Kontrolle hast. Du musst ihnen nur das richtige blumige Zuhause bieten, damit sie sich dort niederlassen und dein Gemüse in Ruhe lassen.

Sehr weit verbreitet sind Blattläuse. Die kleinen Biester gründen ihre Kolonien auf deinen Pflanzen und vermehren sich rasant. Anstatt also zuzulassen, dass sie sich auf allen Pflanzen verteilen, kann man Blumen strategisch einsetzen, die sie anlocken und bei sich behalten. Die Blattläuse freuen sich über diese leckeren Wirte, und du freust dich, dass deine Gemüsepflanzen blattlausfrei bleiben!

- **Kapuzinerkresse:** Diese robuste Pflanze ist sehr wuchsfroh und lässt sich ganz einfach in Töpfen ziehen. Obendrein versorgt sie uns mit essbaren Blüten! Blattläuse lieben diese Pflanzen. Sie sammeln sich unter den Blättern und an den Blütenstängeln.
- **Ringelblumen:** Die wunderschön orange und gelb gefärbten Blüten sind ebenfalls eine exzellente Blattlausfalle und locken zudem Marienkäfer an. Und nun darfst du raten: Marienkäfer fressen Blattläuse. Im Idealfall locken also die Ringelblumen Blattläuse an, die Blattläuse locken Marienkäfer an, und wir freuen uns über die kleinen schädlingsfressenden Glücksbringer.

Obst und Gemüse

GEGEN SCHÄDLINGE SCHÜTZEN

Das Gärtnern geht einher mit Ungeziefer und Schädlingen, die sich auf die Pflanzen stürzen – so ist die Natur nun mal, und wir müssen uns damit abfinden. Beim urbanen Gärtnern auf dem Balkon oder der Terrasse haben wir den Vorteil, dass in den Städten im Allgemeinen weniger Pflanzenschädlinge ihr Unwesen treiben als auf dem Land – was es leichter macht, sie im Zaum zu halten. Ich werde hier nicht auf alle Schädlinge eingehen, die dir auf Balkon und Terrasse begegnen könnten, denn dieses Thema würde ein eigenes Buch verdienen. Zudem kann die Bandbreite an Schädlingen – je nachdem, wo wir leben und gärtnern – sehr vielfältig sein. Auf spezielle Schädlinge und Krankheiten gehe ich außerdem in den Pflanzenporträts ab Seite 126 ein. Es gibt allerdings zwei weit verbreitete Plagegeister, die ich im Detail schildern möchte: Es sind die Blattläuse und, besonders auf der Terrasse, die Nacktschnecken.

WIE WIRD MAN BLATTLÄUSE LOS?

Wie bereits erwähnt, solltest du dich mit blühfreudigen Blumen verbünden, um Blattläuse von deinen anderen Pflanzen fernzuhalten oder abzuwehren. Manchmal reicht das jedoch nicht aus, und diese kleinen grünen oder schwarzen Biester richten ihre Kolonie auf deinen Gemüsepflanzen ein. Was nun?

Erstens: keine Panik! Zweitens: Vergiss die chemische Keule, es gibt natürliche Wege, sie unter Kontrolle zu bringen, und wenn du der Artenvielfalt in deinem Balkongarten eine Chance gibst, helfen dir vielleicht auch die vielen Insekten, für Ordnung zu sorgen. Hier einige Tipps, wie man Blattläuse unter Kontrolle bringt und loswird.

- **Blattläuse erkennen:** Beobachte regelmäßig deine Pflanzen, um potenzielle Blattlauskolonien so früh wie möglich zu entdecken. Wenn ich meine Pflanzen gieße, nutze ich gewöhnlich die Gelegenheit und schaue mir die Blätter genauer an. Blattläuse sind gewieft und verstecken sich oft hinter Blättern, daher muss man immer auch an den Unterseiten der Blätter und an den Stängeln nachsehen. Je eher man sie entdeckt, desto besser kann man etwas dagegen unternehmen. Es ist also wichtig, dass du dir die Pflanzen regelmäßig aus der Nähe betrachtest.
- **Natürliche Fressfeinde von Blattläusen:** Unsere niedlichsten Verbündeten sind die mit den Punkten. Ein erwachsener Marienkäfer kann bis zu 50 Blattläuse am Tag fressen, was echt viel ist. Aber auch die Larven helfen und fressen mit. Um sie anzulocken, eignen sich wiederum Blumen: Tagetes, Zinnien und Ringelblumen ziehen

Marienkäfer an. Es gibt auch noch weitere Fressfeinde, denen Blattläuse ausgezeichnet schmecken: Schwebfliegen, Spinnen, sogar Wespen. In der Natur findet alles sein Gleichgewicht, deshalb ist es wichtig, sich den eigenen Balkon als ausgeglichenen Ort vorzustellen, der eine Vielzahl von Insekten mit offenen Armen empfängt – und sich meist selbst reguliert.

- **Natürliche Blattlausbekämpfung:** Blattlausbefall lässt sich auf einfache Weise behandeln. Eine wirksame Methode sind die eigenen Finger! Zerdrücke die kleinen Biester einfach zwischen den Fingern oder klopfe gegen den befallenen Stängel. Meist fallen sie herunter und finden nicht wieder zurück. Oder man mischt etwas Bioseife mit Wasser und besprüht die Pflanzen damit. Die Seifenlauge wirkt wie ein natürliches Insektizid, das du zweimal pro Woche anwenden kannst. Ich nehme nach dem Besprühen gewöhnlich eine weiche Zahnbürste und reinige die Blätter – hat bisher immer gegen Blattläuse funktioniert.

WIE WIRD MAN SCHNECKEN LOS?

Diese kleinen Geschöpfe mögen auf den ersten Blick hübsch anzusehen sein – zumindest die mit Haus –, aber sie können schwere Schäden an Pflanzen anrichten, besonders an jungen. Wie du dir denken kannst, hüpfen Schnecken besonders gern zum Frühstück oder zum späten Abendbrot auf dein Salatblatt. Aber Radieschen lieben sie auch! Also, Augen auf und aufgepasst, es wäre doch schade, wenn sie dein schönes Gemüse verputzt haben, ehe du auch nur „Teller" sagen kannst.

Wichtig ist, sie so früh wie möglich zu finden und zu stellen, denn sie können sich unheimlich schnell fortpflanzen und deinen ganzen Gemüsegarten regelrecht im Sturm erobern. Um eine derartige Heimsuchung zu verhindern, hier ein paar einfache Lösungen:

- **Gehäuse- und Nacktschnecken frühzeitig erkennen:** Hier gilt dasselbe wie bei den Blattläusen: die Pflanzen regelmäßig gut untersuchen. Nimm nach dem Gießen

Gehäuseschnecken laben sich an Pak Choi (links) und Weißkohl (rechts). Es gibt mehrere Methoden, die schleimigen Plagegeister loszuwerden.

oder nach einem Regentag die Taschenlampe und geh des Nachts auf die Jagd! Dann sind sie aktiv. Schau dir die Wände an, besonders aber die Töpfe und Anzuchttische. Nacktschnecken lassen sich anhand ihrer Größe oder braunen Farbe leicht erspähen. Sie verraten sich aber auch, wenn Blätter plötzlich Löcher aufweisen. Auf Blättern lässt sich ihr Weg anhand der Schleimspur leicht verfolgen.

- **Nacktschnecken einsammeln:** Ein mühseliger, aber effektiver Weg. Und es gibt Hoffnung, denn eine Schnecke kommt selten allein. Findest du eine, hast du sie (fast) alle. Schau am frühen Morgen unter Blätter, Topfuntersetzer und Kanten, dort verstecken sie sich gern zum Schlafen. Sammle sie vorsichtig ein und trage sie zurück in die Natur, in eine Grünanlage beispielsweise. Dort freuen sich übrigens Igel, Kröten und Blindschleichen über die leckere Beute. Im Herbst kannst du auch die Eier der Schnecken in der Erde entfernen.
- **Natürliche Helfer ansiedeln:** Falls du auf einer Terrasse gärtnerst, kannst du Igel, Kröten oder Blindschleichen mittels Laub- oder Steinhaufen anlocken.
- **Nacktschnecken abwehren:** Schnecken mögen manche Dinge einfach nicht, und das kannst du nutzen, um sie von deinen Gemüsepflanzen fernzuhalten – beispielsweise Kaffeesatz oder zerstoßene Eierschalen, die man rund um die Stängel streut. Schnecken können den Duft von Kaffee nicht ausstehen. Und sie kriechen auch nicht gern auf trockenem oder rauem Untergrund. Neben den Eierschalen kannst du es den schleimigen Gesellen also auch durch eine trockene, krümelige Erdoberfläche unbequem machen. Gieße dazu immer nah am Stamm und nicht großflächig, außerdem am Morgen und nicht abends, ehe die Schnecken wach werden.

Bedenke immer, dass ein paar Schädlinge im Gemüsegarten völlig normal sind. Verfalle also nicht in Panik, wenn du eine Blattlauskolonie oder eine Schnecke im Salat entdeckst, sondern bekämpfe sie auf natürliche Weise. Wovon ich dir dringend abraten möchte, ist der Griff zur chemischen Keule oder andere grausamen Methoden. Sie würde deinen Bioanbau unweigerlich beeinträchtigen.

AUSSÄEN WACHSEN LASSEN ERNTEN

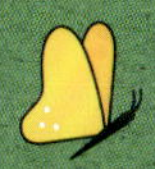

Die drei Vegetationsphasen

Ein Nutzpflanzenleben –
KURZ ODER LANG

Der Vegetationszyklus einer Nutzpflanze lässt sich grob in drei Phasen unterteilen, die wir uns noch genauer ansehen wollen:

1) Keimzeit (Aussaat und Anzucht)
2) Wachstum und Entwicklung
3) Erntezeit

Je nach Art und Sorte, die du anbauen möchtest, dauern die einzelnen Phasen unterschiedlich lange, da jede Pflanze ihrem individuellen Wachstumsprozess unterworfen ist. Bei Tomaten beispielsweise vergehen vier bis sechs Monate bis zur ersten Ernte, Radieschen können dagegen meist schon nach 18 Tagen, spätestens nach einem Monat gepflückt werden. Wie praktisch, denn auf diese Weise lässt sich der eigene Balkon so organisieren, dass man Gemüsesorten mit kurzen und solche mit langen Vegetationszyklen geschickt miteinander kombiniert und immer etwas zu ernten hat.

Dass es bis zur Ernte unterschiedlich lange dauert, liegt daran, dass manche Pflanzen erst eine Blühphase durchlaufen müssen, um ein Gemüse hervorzubringen, andere wiederum nicht, weil wir die Blätter oder Wurzeln und Knollen ernten. Ohne Blüh- und Fruchtphase tritt die Erntezeit viel schneller ein. Will heißen: ohne Blüte schnelle Ernte.

Der kürzere Vegetationszyklus verläuft über einen Zeitraum von ein bis drei Monaten und betrifft all jene Pflanzen, auf deren Blüten verzichtet wird. Der Grund: Nicht die sich aus den Blüten entwickelnden Früchte, sondern die Wurzeln (bei Wurzelgemüse) oder die Blätter (bei Blattgemüse) werden verzehrt. Das Blühen der Pflanze ist also nicht von Belang.

Die Wurzelgemüse umfassen unter anderem Radieschen, Speiserüben und Möhren. Zu den Blattgemüsen zählen Mangold, Spinat, Grünkohl, Garten- und Blattsalate, aber auch Brokkoli und Blumenkohl. Und so muss, um ein Beispiel für einen kurzen Vegetationszyklus zu geben, ein Salatkopf oder ein Radieschen folgende drei kurze Phasen durchlaufen:

1. Nach der Aussaat geht das Vorziehen der Setzlinge relativ schnell und dauert gewöhnlich nur etwa zwei Wochen.
2. In der Wachstums- und Entwicklungsphase bilden sich in größerem Umfang saftige Blätter bzw. kräftige Wurzeln heraus.
3. Hat der Salatkopf bzw. das Radieschen seine optimale Größe erreicht, ist es Zeit für die Ernte. Sie erfolgt, noch ehe die Pflanze zu blühen beginnt.

KURZER VEGETATIONSZYKLUS (ein bis drei Monate):

LANGER VEGETATIONSZYKLUS (drei Monate und länger):

Der längere Vegetationszyklus dauert mindestens drei Monate und betrifft Pflanzen, deren essbare Früchte, also Obst und Gemüse, sich aus den Blüten entwickeln. Das ist bei Tomaten, Paprika, Auberginen, Erdbeeren, Zucchini oder Gurken der Fall. Eine Tomatenpflanze durchläuft die gleichen drei Hauptphasen wie das Radieschen, doch es dauert viel länger, weil die Wachstums- und Entwicklungsphase die Blühphase einschließt.

1. Nach der Aussaat brauchen die Keimlinge eine Weile, um ordentlich zu wachsen, erst dann kann man sie nach draußen in ihren endgültigen Topf umpflanzen.
2. In der Wachstums- und Entwicklungsphase bildet die Pflanze einen kräftigen Stängel und Blätter aus, ABER dieser Abschnitt umfasst auch die Blühphase, in der die Pflanze Blüten hervorbringt. Daher dauert diese Phase viel länger.
3. Erst wenn sich aus den Blüten Früchte entwickelt haben und diese gereift sind, kann geerntet werden.

Es gibt aber Ausnahmen. Erbsen müssen zwar die Blühphase durchlaufen, dennoch läuft der Prozess bei ihnen viel schneller ab. Schon nach etwa zwei Monaten kann geerntet werden. Kartoffeln hingegen sind ein Wurzelgemüse. Trotzdem dauert es gut vier Monate bis zur Ernte. Keine Sorge, im dritten Teil des Buches gehe ich bei jeder Art auf all diese speziellen Details genauer ein.

Natürlich spielen auch Klima und Wetter eine Rolle, wie schnell bestimmte Arten wachsen. Ich mag besonders den Mai, wenn der urbane Garten vor lauter Wachstum aufgrund der wärmeren Witterung regelrecht explodiert. Man meint, fast zusehen zu können, wie alles treibt, schießt und sprießt!

Jetzt geht es los!

DIE KEIMZEIT

Nachdem wir nun kürzere und längere Vegetationszeiten besprochen haben, wollen wir uns eingehender mit den einzelnen Phasen des Vegetationszyklus befassen.

DER BEGINN DER REISE

Nun legen wir los mit dem Gärtnern. Du wirst Leben schenken und etwas wachsen lassen – ist das nicht großartig? Vielleicht hältst du ja schon ein paar Samen in der Hand. Ich brauche nur das Samentütchen anzublicken, und schon sehe ich vor meinem geistigen Auge, wie alles wächst! Ich male mir aus, wie ich auf meinem Balkon stehe und neben mir diese herrliche, gesunde Pflanze emporwächst, die mir ihre köstlichen, leckeren Früchte darbietet! Mein erster Rat lautet also: Trau dich zu träumen, wenn du Samen siehst!

Aussaat, Keimzeit und Anzucht haben etwas Magisches – du erlebst mit, wie sich ein winziges Samenkorn in eine große Pflanze verwandelt. Das ist definitiv der Beginn einer zauberhaften Reise! Aber man muss es richtig angehen, deshalb erläutere ich dir im Folgenden die grundlegenden Methoden.

Man legt ein Samenkorn in ein kleines Töpfchen mit Aussaaterde. Bei passender Temperatur, reichlich Licht und der richtigen Menge an Feuchtigkeit wird der Samen keimen. Er entwickelt sich zu einem winzigen Pflänzchen über der Erde, das aber auch in der Erde drin erste kleine, zarte Wurzeln ausbildet. Die meisten Sämlinge zieht man im Haus, im Gewächshaus bzw. unter Glas vor, um ihnen ein stabiles, gleichbleibendes Umfeld zu bieten und das winzige Pflänzchen vor äußeren Einflüssen zu schützen. Wann und wie genau Aussaat und Anzucht erfolgen sollten, erfährst du im nächsten Abschnitt.

Der beste Zeitpunkt für Aussaat und Anzucht

Jede Pflanze hat im Lauf der Jahreszeiten ihre eigene Vegetationsperiode und ihren eigenen Zeitplan, den es zu respektieren gilt. Außerdem leben wir in verschiedenen Städten bzw. Gegenden mit unterschiedlichen Klimaten. Zum Glück gibt es einen Indikator, der uns erlaubt, entsprechend zu planen: den Frost! Du musst also abschätzen, wann es in deiner Gegend zum letzten Mal Frost geben könnte. Danach planst du die Aufzucht der Frühlings- und Sommerkulturen. Umgekehrt machst du es genauso für die Herbst- und Winterkulturen anhand des ersten möglichen Herbst- bzw. Winterfrostes.

Lass uns ein konkretes Beispiel anschauen, die Tomaten: Wie du weißt, wachsen Tomaten im Sommer, es ist also äußerst wichtig, die

Pflänzchen nicht ins Freie zu setzen, solange noch Frostgefahr besteht. Selbst ein nur leichter Nachtfrost könnte sie dahinraffen und all deine Mühen im Handumdrehen zunichtemachen. Im Allgemeinen gilt, dass man Tomaten sechs bis acht Wochen vor dem letzten zu erwartenden Frost aussät. Ist in deiner Gegend Ende April damit zu rechnen, kannst du zwischen Ende Februar und Mitte März beginnen, sie im Haus vorzuziehen. Bei Basilikum rechnet man mit einem Aussaattermin von sechs, bei Auberginen von circa acht und bei Paprika von acht bis zehn Wochen vor dem letzten zu erwartenden Frost. Auf den Umschlagklappen dieses Buches findest du einen Aussaatkalender, der dir das Ganze erleichtern soll. Versuche, den Termin des durchschnittlich letzten Frühjahrsfrostes in deiner Gegend per Onlinesuche herauszubekommen. Hilfreich ist vielleicht auch die Website plantmaps.com, die allerdings nur auf Englisch vorliegt.

Auswahl des Saatguts

Im ersten Teil des Buches ging es nicht nur darum, was man auf Balkon und Terrasse überhaupt anbauen kann, sondern auch um den großen Unterschied zwischen alten, samenfesten Sorten und Hybridzüchtungen. Solltest du das noch nicht gelesen haben, dann blättere zurück und lies das bitte durch. Ich rate dringend zur Verwendung alter, samenfester Sorten, denn damit fördert man die Artenvielfalt und unterstützt die Bauern, die mit alten Sorten arbeiten und das entsprechende Saatgut herstellen. Außerdem wirst du auf diese Weise nicht nur eine Vielzahl faszinierender Sorten entdecken, sondern auch imstande sein, dein eigenes Saatgut selbst zu gewinnen.

Saatgutträume

Zu den Lieblingsmomenten in meinem Gärtnerdasein zählt die Planung der nächsten Saison. Ich bin stets neugierig auf neue Sorten, und wenn ich durch die Saatgutkataloge

Rechts: Auf den Saatguttütchen stehen alle wichtigen Informationen rund um den Anbau der Pflanze. Die Erläuterungen sollten daher sorgfältig gelesen werden.

blättere, gerate ich ins Träumen. Ich sehe die Pflanzen im Geiste bereits auf meinem Balkon wachsen. Von ganzem Herzen wünsche ich dir eigene Träume! Du würdest liebend gern schwarze Kirschtomaten aus Kuba anbauen? Oder lila gestreifte Auberginen aus Portugal? Und wie wäre es mit dieser goldenen Physalis? Du hast die Wahl, sieh dir Farbe, Form und Herkunftsland an und entscheide selbst, was dir am besten gefällt. Lass dich nicht nur von konkreten rationalen Gründen leiten, sondern such dir Sorten aus, die deine Träume wahr werden lassen.

Wo finde ich samenfestes Saatgut alter Sorten?

Im gewöhnlichen Lebensmittelhandel eher selten, aber vielleicht ändert sich das in naher Zukunft? Momentan kannst du samenfestes Saatgut alter Sorten online bestellen, es gibt Saatgutkooperativen, die Samen alter Sorten in großer Vielfalt anbieten. Oder schau dich nach regionalen Anbietern um, es gibt viele regionale Gemüsebauern, die ihre selbst gezogenen Samen von alten Sorten verkaufen. Auch in vielen Bioläden und gut sortierten Gartenfachmärkten findest du im Frühjahr und Sommer samenfestes Saatgut. Dort ist die Auswahl zwar nicht so groß wie bei spezialisierten Saatgutanbietern, aber fürs Erste mag das genügen.

Worauf muss ich beim Saatgutkauf achten?

Da wir hier ausschließlich über den Anbau in Töpfen, Kübeln und Kästen sprechen, ist es wichtig zu prüfen, ob sich die Sorte, die du anbauen möchtest, für die Topfkultur eignet. Beachte, dass manche Sorten, wenn sie gut wachsen sollen, sehr viel Erde benötigen. Das kannst du selbst mit großen Kübeln nicht gewährleisten. Diesen wichtigen Hinweis auf der Verpackung darfst du also keinesfalls ignorieren. Darüber hinaus gibt dir das Samentütchen hilfreiche Informationen zur jeweiligen Sorte selbst, beispielsweise wie tief und mit welchem Abstand der Samen zueinander zu säen und wann das Gemüse reif für die Ernte ist. Aber du findest dort auch wertvolle Hinweise, welche Besonderheiten bei der Pflege zu beachten sind und wann der beste Zeitpunkt für die Aussaat ist.

Wann sollte ich mein Saatgut besorgen?

Gärtnern wird immer beliebter, und das ist gut so! Ich empfehle, rechtzeitig anzufangen und das Saatgut zwei oder drei Monate vor der geplanten Aussaat zu besorgen, damit die Auswahl groß ist und noch viele unterschiedliche Sorten erhältlich sind. Noch viel früher nach den Samen zu suchen lohnt sich hingegen nicht, da sich viele von ihnen dann noch in Produktion befinden.

Was tun, wenn meine Wunschsorte nicht mehr erhältlich ist?

Es besteht dennoch eine gewisse Chance, sie zu finden! Im Internet gibt es verschiedene Tauschbörsen für Saatgut, auf denen du mit Gleichgesinnten tauschen kannst. Wenn du mit dem urbanen Gärtnern anfängst, wirst du ganz bestimmt auch mit anderen Stadtgärtnern in Kontakt kommen, die vielleicht ein paar Samen übrig haben und mit denen du nicht nur Saatgut oder Pflanzen tauschen, sondern auch verschiedene Themen rund um das Gärtnern besprechen kannst. Ich persönlich finde das Tauschen großartig und mache es gern, denn ich liebe den Gedanken, dass aus den Samen, die ich selbst gewonnen habe, in einem anderen Garten irgendwo auf der Welt „meine“ Pflanzen wachsen!

Aussaat und Anzucht:

FRAGEN UND ANTWORTEN

Einen Samen in die Erde zu stecken scheint so einfach, und doch ergeben sich erstaunlich viele Fragen, wenn du endlich mit dem Aussäen loslegen willst. Hier also einige grundlegende Infos, bevor ich dir Schritt für Schritt zeige, was zu tun ist.

Müssen für alle Sorten Setzlinge vorgezogen werden?

Nein. Ich säe z. B. Radieschen oder Erbsen direkt in den Topf, und zwar gleich draußen und zum richtigen Zeitpunkt. Aber in den meisten Fällen und für nahezu alle anderen Kulturen empfehle ich das Vorziehen von Setzlingen – und zwar wegen zwei entscheidenden Vorteilen: Erstens bietet es sich gerade bei Obst und Gemüse mit längerem Vegetationszyklus aus Zeitgründen regelrecht an, Setzlinge im Haus vorzuziehen. Zweitens erfolgt die Verteilung vorgezogener Setzlinge auf die Töpfe strukturierter – sie lassen sich besser mit genügend Abstand zueinander an die richtige Stelle umsetzen.

Welche Erde für den Anfang?

Gute Erde ist für die Anzucht extrem wichtig. Um den Pflanzen einen guten Start ins Leben zu ermöglichen, empfehle ich dringend, in spezielle Anzuchterde zu investieren. Damit Samen keimen und die Sämlinge aus der Erde austreiben können, brauchen sie Nährstoffe und einen sehr leichten Boden. Ist die Erde dagegen schwer, stark verdichtet oder nicht genügend belüftet, mögen die Samen zwar im Boden keimen, die Keimlinge können aber nicht aus der Erde hervorbrechen.

Ich war zu Beginn meines Gärtnerlebens häufig sehr ungeduldig. Die Sämlinge sollten bitte schön so schnell wie möglich sprießen – und das ohne die richtige Anzuchterde! Das Ergebnis war allerdings immer enttäuschend. Wer ihnen nicht die richtige Erde zugesteht, verschwendet kostbare Samen und wertvolle Zeit. Mein wichtigster Rat: nichts über den Zaun brechen wollen, sondern Geduld haben. Einfach warten, bis man die richtige Anzuchterde gefunden hat, und dann erst mit der Aussaat beginnen.

Welche Behälter eignen sich für Aussaat und Anzucht?

Du kannst gebrauchte Kunststoff- und Pappbecher einer neuen Verwendung zuführen oder spezielle biologisch abbaubare Anzuchttöpfe verwenden. Letztere erleichtern das Umpflanzen erheblich.

- **biologisch abbaubare Anzuchttöpfe:** Diese verwende ich am häufigsten und setze immer nur einen Samen pro Topf. Die Töpfe aus Zellulosefasern halten die Feuchtigkeit

Samen lassen sich in unterschiedlichste Gefäße einsetzen. Links wurde eine aufgeschnittene Coladose verwendet, während die biologisch abbaubaren Anzuchttöpfe unten noch auf ihren Einsatz warten.

gut, und die Wurzeln der Sämlinge können das papierähnliche Material durchdringen. Da die Behälter biologisch abbaubar sind, kannst du den Setzling mitsamt dem Anzuchttopf in die Erde pflanzen. Meiner Meinung nach ist das eindeutig die optimale und einfachste Lösung, wenn man mit dem Gärtnern anfängt.

- **Klopapier-Papprollen:** nicht wegwerfen, sondern für die Anzucht wiederverwenden! Ein Ende nach innen falten, so dass ein Boden entsteht, dann mit Erde befüllen. Das ist schnell und einfach gemacht und eine tolle Zweitverwertungsidee!
- **Eierkartons:** Ich mag sie sehr, weil in einem Eierkarton gleich sechs oder zehn Sämlinge Platz finden – bei mir sind es meist sechs Sämlinge derselben Sorte.
- **Plastikbecher aus der Küche:** In allen Küchen finden sich Plastikbecher, die eigentlich nur für den einmaligen Gebrauch bestimmt waren – meist sind es Lebensmittelverpackungen vom Einkaufen. Also: nicht mehr wegwerfen, sondern wiederverwenden, um neues Leben – neue Biolebensmittel – entstehen zu lassen. Du musst einfach nur ein paar kleine Drainagelöcher in den Boden bohren. Wie bei normalen Blumentöpfen muss das Wasser ablaufen können, damit nichts fault oder schimmelt. Da derlei Kunststoffgefäße unterschiedliche Größen haben, kannst du in größere gleich mehrere Samen legen, allerdings bitte nicht allzu dicht nebeneinander.

Was will mir das Samentütchen sagen?

Die Verpackung hält meist wertvolle Hinweise bereit. So erfährt man einiges über die Sorte, z. B. zur Herkunft, wie groß die Pflanze in ausgewachsenem Zustand werden kann, aber auch, wann der beste Zeitpunkt für die Ernte ist. In der Regel werden auch der Aussaatzeitpunkt und die Temperatur angegeben, außerdem die Aussaattiefe sowie der richtige Pflanzabstand und ob es sich um einen Licht- oder Dunkelkeimer handelt.

Links: Sobald die Keimlinge eine gewisse Größe und Stabilität erreicht haben, können sie – Frostfreiheit vorausgesetzt – nach draußen an ihren zukünftigen Standort gebracht werden.

Bei manchen Samen ist eine Keimruhe zu beachten, das heißt, sie keimen nicht gleich nach der Aussaat, weil sie sich noch in einer Art Schlafmodus befinden. Bei Auberginensamen beispielsweise kommt eine solche Keimruhe vor. Um sie aus dieser Ruhephase „aufzuwecken", legt man sie einfach eine Woche ins Gemüsefach des Kühlschranks. Nach dieser kurzen Zeit sind sie dann „wach" und können ausgesät werden. Also lies bitte stets die Informationen auf dem Samentütchen – du wirst immer etwas Nützliches lernen.

SETZLINGE ZIEHEN – JETZT GEHT ES ENDLICH LOS!

Wenn du Samen, Anzuchttöpfchen und Anzuchterde beisammen hast, kannst du mit dem Säen loslegen – lass deinen grünen Daumen endlich von der Leine!

Verschieden große Samen: Du wirst feststellen, dass die Samen verschiedener Pflanzen unterschiedliche Größen aufweisen. Manche wie die für Salat, Tomaten oder Radieschen sind winzig, andere wie die für Zucchini, Gurken oder Erbsen sind eher groß. Und es gibt Dunkel- und Lichtkeimer. Diese Info findest du auf dem Tütchen. Lichtkeimer säst du klassischerweise direkt auf die Erde und drückst sie leicht fest. Du kannst sie mit einer ganz dünnen Schicht Sand bestreuen, um sie vor Schimmel zu schützen. Im Lauf der Jahre habe ich für mich allerdings eine einfache Faustregel entwickelt, die für alle Samen, auch Lichtkeimer, funktioniert und die ich dir sehr empfehlen kann: Je nach Größe bringst du die Samen unterschiedlich tief in die Erde ein. Kleine Samen steckst du maximal einen Zentimeter tief hinein. Aus einem winzigen Samenkorn wird kaum ein dicker, fetter erster Trieb austreiben, sondern ein ganz zarter. Also erleichtern wir ihm das Durchbrechen der Erde, indem wir ihn nicht zu tief setzen. Größere Samen bringen größere Triebe hervor. Ich bin immer total fasziniert, wenn ich sehe, wie Zucchinisamen keimen. Noch so jung, entfalten sie eine solche Kraft, um sich aus der Erde zu schieben! Solche größeren Samen säst du zwei Zentimeter tief ein, damit sich die Keimlinge gut im Boden verankern.

Auf den nächsten Seiten erkläre ich dir Schritt für Schritt, wie du deine eigenen Setzlinge ziehst. Jede Wette, dass dich diese Erfahrung faszinieren wird – denn jetzt geht das Gärtnern erst richtig los! Kleine Warnung am Rande: Du wirst bestimmt jeden Tag mehrmals nachsehen, ob denn nun schon ein Samenkorn gekeimt hat. Keine Angst, du bist nicht dabei, eine ausgewachsene Zwangsneurose zu entwickeln. Es ist nur die verständliche Ungeduld leidenschaftlicher Gärtner!

Die Aussaat

SCHRITT FÜR SCHRITT

Schritt 1: Anzuchtgefäße bereitstellen. Solltest du Plastikbecher verwenden, vergiss nicht, Löcher in den Boden zu pieksen, damit das Wasser ablaufen kann. Bei biologisch abbaubaren Anzuchttöpfen und Gefäßen aus Papier oder Pappe ist das nicht nötig.

Schritt 2: Anzuchterde bereitlegen.

Schritt 3: Die Gefäße bis knapp unterhalb des Rands mit der Anzuchterde füllen.

Schritt 4: Die Erde mit dem Finger nur ganz leicht andrücken (gehe behutsam vor und drücke keinesfalls zu fest!). Wenn nötig, noch etwas Erde nachfüllen, sodass der Becher bzw. das Gefäß bis oben hin gefüllt ist.

Schritt 5: Vorsichtig gießen.

Schritt 6: Die befeuchtete Erde mit den Fingern erneut behutsam festdrücken.

Schritt 7: Mit einem dünnen Bleistift oder Setzholz Vertiefungen in die Erde drücken – einen Zentimeter tief für kleine Samen, zwei Zentimeter tief für große (oder an die Angabe auf dem Samentütchen halten; dort wird manchmal zwischen Licht- und Dunkelkeimern unterschieden: Lichtkeimer nur dünn mit Erde oder etwas Sand bedecken).

Schritt 8: Auch in alle weiteren Gefäße bzw. Becher diese Vertiefungen je nach Größe der auszusäenden Samen drücken.

Schritt 9: Behutsam ein Samenkorn zwischen die Finger nehmen.

Schritt 10: Das Samenkorn in das Loch legen, immer pro Loch ein Samenkorn.

Schritt 11: Den Samen mit der feuchten Erde bedecken und diese behutsam andrücken.

Schritt 12: Noch einmal ganz vorsichtig gießen. Der Samen darf dabei aber nicht an die Oberfläche gespült werden. Vor allem größere Samen und Dunkelkeimer müssen von Erde bedeckt bleiben.

Du hast gerade einem Sämling ins Leben verholfen, und schon bald wird er sprießen.

Und nun kommt eine deiner härtesten Prüfungen – du musst dich in Geduld üben! Die aber wird abgelöst werden von einem breiten Dauergrinsen, nämlich wenn du den ersten winzigen Austrieb und das erste zarte Blättchen entdeckt hast!

1

2

3

4

5

6

7

8

9

10

11

12

Ein letzter, aber sehr wichtiger Schritt: Sämlinge beschriften!
Je nach Art und Sorte brauchen die Samen unterschiedlich lange, um zu keimen – meist dauert die Keimzeit sieben bis zehn Tage, sie kann bei manchen Arten aber auch bis zu drei Wochen betragen. Daher ist es äußerst wichtig, die Behälter der Sämlinge von Anfang an mit Namensschildern auszustatten, damit du weißt, welche Sorte du wann in die Erde gebracht hast.

Ich habe den Fehler einmal gemacht und kein Etikett angebracht, weil ich mir dachte: „Das merke ich mir bestimmt." Doch im Endeffekt herrschte das blanke Chaos! Wer seine Saat nicht beschriftet, kann nicht beurteilen, ob die Samen noch im Zeitrahmen für ein mögliches Keimen liegen oder ob dieser bereits weit überschritten wurde und nicht mehr mit dem Austrieb zu rechnen ist. Wenn du mehrere verschiedene Tomatensorten anbaust, kannst du die genaue Sorte erst erkennen – wenn überhaupt! –, wenn die Pflanze Monate später Früchte trägt.

Nimm dir also gleich am Anfang die Zeit und bringe Etiketten an, du wirst es nicht bereuen. Außerdem verleiht das Beschriften deiner Anzucht auch eine persönliche Note! Sei kreativ, gestalte die Namensschilder in deinem eigenen Stil – bastle etwas aus Eisstielen, Weinkorken oder Wäscheklammern oder schneide aus Kunststoff Pflanzenschilder aus. Bedenke aber, dass die Schilder nach der Anzucht auch mit in den endgültigen Topf im Freien wandern, sie sollten also wasserfest und auch nach einigen Wochen oder Monaten noch lesbar sein.

Die ersten zarten Keimblätter der Tomaten zeigen sich. Sobald sich etwa drei richtige Blätter bilden, kannst du junge Tomaten, Paprika und Co., die Wärme lieben, in etwas größere Töpfchen setzen und drinnen noch etwas weiter wachsen lassen.

Liste an Aufgaben während der

KEIMZEIT

Finde den perfekten Standort für die Saaten

Sobald deine Samen in der Erde und beschriftet sind, stellst du die Anzuchttöpfchen in einen warmen, hellen und gut belüfteten Raum. Manche Samen keimen erst bei 20 °C, andere sogar erst bei 25 °C. Ein großes und optimal ausgerichtetes Fenster sorgt für das notwendige Licht.

Besorge eine Anzucht- bzw. Pflanzenlampe

Wenn dein Fenster nicht genügend Licht hereinlässt, weil es nicht optimal gelegen ist, solltest du in eine LED-Pflanzenlampe investieren, die deine Samen zum Keimen anregt und auch das Wachstum der Keimlinge erheblich fördert. Diese Lampen gibt es in verschiedenen Größen, je nachdem, welche Pläne du hast und in welchem Umfang du anzubauen gedenkst.

Deine täglichen Aufgaben

- Wenn die Erde trocken wird, vorsichtig gießen, sie soll immer feucht bleiben. Aber nicht dauerhaft überschwemmen, damit nichts fault. Niemals ganz austrocknen lassen. Die Wassermenge muss auf die Bedingungen im Zimmer abgestimmt sein.
- Jeden Tag den Raum lüften, um Schimmelbildung zu vermeiden.
- Solltest du Schimmel oder gar kleine Pilze auf der Anzuchterde bemerken – keine Panik! Einfach einen Löffel nehmen und die oberste Schicht mit dem Schimmel vorsichtig abkratzen.
- Solltest du (jetzt oder später) Blattläuse entdecken, zerdrückst du sie einfach zwischen den Fingern.

Geduld – der alles entscheidende Schlüssel zum Erfolg

Passen wir unsere Erwartungen der Realität an: Es ist sehr unwahrscheinlich, dass alle Samen aufgehen, und das ist auch ganz normal. Im Durchschnitt liegt die Keimrate bei etwa 90 Prozent, diese Angabe findet sich auch oft auf dem Samentütchen. Wenn du also eine bevorzugte Sorte hast, die du unbedingt anbauen willst, dann solltest du mehr aussäen, um auch wirklich genügend Setzlinge zu bekommen. Schlimmstenfalls, wenn zu viele Keimlinge aufgegangen sind, freuen sich bestimmt ein paar Freunde über kostenlose Setzlinge!

Überprüfe, bei welchen Samen die angegebene Keimzeit mehr als eineinhalb Wochen überschritten wurde, ohne auszutreiben. Entferne die betreffenden Anzuchttöpfchen und säe neue Samen aus.

Deine Samen beginnen auszutreiben

Wenn die Samen zu keimen beginnen, kannst du beobachten, wie winzige, zarte grüne Stängel versuchen, ihre Köpfchen aus der Erde zu strecken. Ein Wunder der Natur – du bist gerade Zeuge bei der Geburt einer Pflanze geworden! Damit hast du offiziell und erfolgreich die erste wichtige Phase des Anbaus deiner eigenen Nahrungsmittel hinter dich gebracht, du bist dabei, eine urbane Gärtnerin, ein urbaner Gärtner zu werden!

Manche Setzlinge wie die von Tomaten oder Auberginen müssen in größere Anzuchttöpfe umgesetzt werden, weil sie mehr Erde benötigen. Mehr dazu erläutere ich bei den jeweiligen vorgestellten Arten im letzten Teil des Buches.

Setzlinge kaufen

Falls es dir nicht gelungen ist, selbst Setzlinge vorzuziehen – ja, das kann passieren –, dann sei dir zum Trost gesagt, dass auch ich zu Beginn jede Menge Misserfolge hatte. Die Lernkurve bezüglich gärtnerischer Fähigkeiten ist enorm. Aber keine Sorge, ich habe einen Notfallplan für dich parat.

Vielleicht wolltest du die Setzlinge auch gar nicht selbst aus Samen ziehen, weil du keine Zeit hattest. Egal, hier kommt Plan B:

Auf dem regionalen Wochen- oder im Gartenmarkt kannst du Setzlinge kaufen. Achte darauf, dass sie aus biologischem Anbau stammen und dass du samenfeste, alte Sorten erwirbst, sofern möglich.

Nun, da du Setzlinge hast – egal ob von dir selbst oder jemand anderem vorgezogen –, bist du bereit für Phase zwei!

Jetzt blüht dir was!

DIE WACHSTUMS- UND ENTWICKLUNGSPHASE

Es folgt die Wachstums- und Entwicklungsphase, die auch die Blühphase umfasst. Das bedeutet für dich, dass es jetzt an der Zeit ist, die Setzlinge ins Freie in ihre endgültigen Töpfe umzupflanzen, sofern kein Frost mehr droht.

Ich werde im Folgenden auf die verschiedenen möglichen Pflanzgefäße eingehen, aber vor allem auch auf die Notwendigkeit, je nach Art und Sorte auf die richtige Größe zu achten. Außerdem gebe ich dir eine Schritt-für-Schritt-Anleitung an die Hand, wie du die Pflanzgefäße vorbereitest und die Setzlinge einpflanzt. Und ich erläutere die Vorzüge vom Mulchen und warum es in dieser Phase von großem Nutzen ist.

TÖPFE, KÄSTEN, PFLANZGEFÄSSE – FINDE DEINEN EIGENEN STIL!

Das urbane Gärtnern bietet dir die Chance, deinen eigenen Stil zu entwickeln und kreativ zu sein. Wir sprechen immerhin über den Aufbau deines kleinen grünen Paradieses, das du natürlich nach deinem persönlichen Geschmack gestalten solltest. Und dabei gibt es unglaublich viele Möglichkeiten.

Außerdem bist du auf deinem Balkon in puncto Raumnutzung ja sehr flexibel – je nach Jahreszeit kannst du Töpfe und Kästen verrücken und hin- und herschieben. Im Folgenden stelle ich dir verschiedene Optionen hinsichtlich Material, Beschaffenheit und Größe regulärer Pflanzgefäße vor, aber auch hinsichtlich der Wiederverwendung bzw. Zweitverwertung von bereits in Wohnung oder Keller vorhandener Gefäße.

Überblick über die verschiedenen Materialien

Für Pflanzgefäße empfehle ich drei Materialien, zwei feste und ein flexibles. Entscheide selbst, welche dir am liebsten sind:

- **Terrakotta:** Der klassische Tontopf ist in urbanen Gärten sehr weit verbreitet. Der Vorteil von Töpfen aus unglasierter Keramik besteht in der guten Luft- und Wasserzirkulation, die Gefäße sind umweltfreundlich und der Topferde besonders zuträglich, da sie bei Wärme einen kühlenden Effekt haben und bei Kälte relativ lange die Wärme speichern. Allerdings ist Terrakotta frostempfindlich und neigt im Winter zum Zerspringen. Auch ist zu bedenken, dass große Terrakottakübel schwer sind und sich nur mit Mühe umhertragen lassen. In so einem Fall empfiehlt es sich, sie auf einen Pflanzenroller zu stellen, so kannst du sie problemlos an eine andere Stelle schieben und bleibst bei der Raumgestaltung flexibel.

Pflanzsäcke (rechts) lassen sich besonders leicht transportieren, während manche Kunststoffgefäße eine schützende Haube aufweisen (rechts unten). Kälteempfindliche Pflanzen sind so gut geschützt.

Kurz zusammengefasst: Tontöpfe sind eine sehr natürliche Option, in Gegenden mit strengen, frostigen Wintern und auf Balkonen mit begrenzter Tragfähigkeit jedoch eher problematisch.

- **Recycelter Kunststoff:** Den Zusatz „recycelt" habe ich mit Absicht hinzugefügt, da ich vom Kauf nicht recycelten Kunststoffs dringend abraten möchte. Denn eins ist sicher: Unser Planet braucht nicht noch mehr Plastikmüll. Die Vorteile recycelter Kunststoffbehältnisse liegen auf der Hand: Sie wiegen nicht viel und lassen sich somit leicht transportieren, sie sind witterungsbeständig, und es gibt eine große Auswahl an Farben und Formen, vor allem auch solche, die sich perfekt für den vertikalen Anbau eignen. Zur Lagerung lassen sich die Gefäße bequem über- und ineinanderstapeln. Apropos Farben: Ein dunkler Kunststofftopf heizt sich stärker auf und eignet sich daher gut für Pflanzen, die viel Sonne und Wärme brauchen, etwa für Zucchini, Auberginen, Gurken oder Tomaten.
- **Pflanzsäcke und Pflanztaschen:** Geotextile Säcke und Pflanztaschen aus Gewebe oder Vlies sieht man immer häufiger, denn sie bieten einige Vorteile. Da sie sehr leicht sind, lassen sie sich einfach transportieren, aber auch klein zusammenfalten und damit gut lagern. Das Wasser läuft bestens ab,

und sie sind atmungsaktiv, was der Erde zugutekommt. Topfuntersetzer dazu machen auf Balkonen auch die Nachbarn darunter glücklich. Einfach in der Anwendung und in vielen verschiedenen Größen und Aufmachungen erhältlich, sind Säcke oder Taschen besonders als hängende Pflanzgefäße bzw. für Ampelpflanzungen oder auch am Fenster eine tolle Lösung. Mir gefallen die kreativen Möglichkeiten, die sie bieten, und viele sehen einzigartig aus. Sofern man welche kauft, bei deren Herstellung textiles Material recycelt wurde, sind sie außerdem umweltfreundlich. Auch hier gilt übrigens: Zusätzliche Ressourcenverschwendung braucht kein Mensch und unser Planet erst recht nicht.

Übersicht über die verschiedenen Formen und Größen

Nicht nur über das Material, aus dem deine Gefäße bestehen sollen, musst du dir Gedanken machen, sondern auch über die Größe und Form der Töpfe, Kübel und Kästen. Natürlich bedingen das Fassungsvermögen des Gefäßes und die Größe der Pflanze einander. Je größer eine Pflanze wird, umso mehr Erde benötigt sie, um einen gesunden Wurzelballen auszubilden. Ich empfehle, alle möglichen Größen und Formen zu kombinieren, denn so kannst du den verfügbaren Platz optimal ausnutzen.

- **Reguläre Blumentöpfe:** Sie sind zweifellos die gängigste Form, daher ist die Größenauswahl und Formenvielfalt hier am umfangreichsten. Entscheidend ist das Fassungsvermögen, also die Menge an Erde, die ein Topf aufnehmen kann. Es gibt sogar Töpfe mit Deckel oder Abdeckhaube, was zum Schutz der Pflanzen vor kalter Witterung äußerst nützlich ist.
- **Blumenkästen:** Sie eignen sich hervorragend dazu, den vertikalen Raum optimal zu nutzen. Du kannst sie ans Balkongeländer hängen, auf Mauern oder auf Regale an einer Wand stellen. In ihnen lässt sich alles Mögliche ziehen, etwa Gartensalat, Radieschen, Spinat, alle Arten von Kräutern, aber auch Blumen, um Insekten zum Bestäuben

In meinem Blumenkasten blühen schon die Erdbeeren. Bald kann ich die Früchte ernten.

Gemüsesorten mit größerem Platzbedarf gedeihen in einem Anzuchttisch besonders prächtig.

anzulocken. Blumenkästen schätze ich aber auch, weil sie sich leicht transportieren und damit flexibel umstellen lassen.

- **Anzuchttisch:** Ich bin begeisterter Fan dieser Art von Hochbeeten, in denen sich über die Jahreszeiten hinweg viele verschiedene Kulturen anbauen lassen. Oft bieten sie mit einem Fassungsvermögen von 50 Litern Platz für viel Erde und sind außerdem ausreichend breit und tief. Hier ziehe ich Gartensalat, Radieschen, Grünkohl, Spinat, Möhren oder Speiserüben. Während Hochbeete Bodenfläche einnehmen, stehen Anzuchttische auf Beinen und geben somit wertvollen Platz auf dem Fußboden frei, den man für schattenliebende Pflanzen nutzen kann oder um Pflanzgefäße und Gartenzubehör zu lagern. Auch für Anzuchttische gibt es Abdeckungen und Frühbeethauben, die die Kulturen vor heftigem Regen, Wind, Schädlingen und natürlich auch vor Frost schützen.
- **Spezialgefäße:** Sie wurden für bestimmte Pflanzen entwickelt und bieten diesen die richtige Menge an Substrat, dienen aber auch als Stütze und kommen den Wachstumseigenheiten der jeweiligen Pflanze entgegen. Ich habe mit dem Hersteller Elho gute Erfahrungen gemacht. Es gibt beispielsweise einen Tomatenturm, ein Gefäß mit einem runden oder halbrunden Klettergerüst, der sich bestens für den Anbau von Kirschtomaten und anderen in die Höhe und weniger in die Breite wachsenden Gemüsen eignet. Es gibt Modelle mit eingebautem Wasserreservoir und erweiterbaren Rankhilfen. Auch breitere Pflanzkästen mit Klettergerüst wie die Veggie Wall von Elho bieten eine großartige Lösung für Kletterpflanzen wie beispielsweise Erbsen. Und es gibt eine Vielzahl an Kartoffel-Pflanzsystemen: Einer meiner Favoriten ist der PotatoPot. Dieser Topf ist doppelwandig, das Innere lässt sich herausheben, wodurch man mühelos nachsehen kann, wie groß die Kartoffeln schon gewachsen sind – ein sehr einfaches, aber effektives Gefäß und viele Jahre lang wiederverwendbar. Es gibt Modelle, die aus mehreren gestapelten Kübeln bestehen, aber auch Säcke mit mehreren

Pflanzschlitzen. Die kannst du auch für andere Pflanzen, beispielsweise Erdbeeren, verwenden.

- **Pflanzturm:** Konzipiert für den vertikalen Anbau von Pflanzen, ist das eine sehr platzsparende Option. Für kleinere Obst- und Gemüsearten wie Gartensalat, Kräuter oder Erdbeeren ist ein Turm eine exzellente Lösung, für große Gemüsearten eignen sie sich allerdings gar nicht.
- **Vertikale Systeme:** Erwähnenswert sind auch die Pflanztaschen, die man an die Wand hängt. Wie die Türme sind diese eher etwas für kleinere Arten. Es gibt auch vertikale Beete mit durchgehendem Substrat, die den Pflanzen etwas mehr Raum und somit Wasser- und Nährstoffvorräte bieten. Klassiker sind hier die selbst gebauten vertikalen Palettenbeete.

Zweitverwertung – Ideen für alternative Pflanzgefäße

Hier kannst du deiner Kreativität und deinen handwerklichen Fähigkeiten freien Lauf lassen. In Wohnung, Speicher oder Keller finden sich bestimmt allerhand wiederverwendbare Kisten und Kästen, die für deinen Balkongarten passen. Hauche ihnen neues Leben ein, bau dein Obst und Gemüse darin an! Äußerst wichtig ist aber – egal welche Art von Behälter du verwendest –, dass du Drainagelöcher hineinbohrst. Das Wasser muss abfließen können, damit Erde und Wurzeln nicht faulen. Kisten, Körbe und Paletten musst du zuvor noch mit Gartenfolie auskleiden. Auch hier kleine Drainagelöcher nicht vergessen. Im Folgenden ein paar Anregungen, ich bin sicher, du hast noch viele andere Ideen.

- **Holzpaletten:** Sie lassen sich prima zu Pflanzkästen für Kräuter umbauen. Das erfordert zwar etwas handwerkliches Geschick, aber das Ergebnis strahlt besonders viel Atmosphäre aus. Eine fantastische Lösung, um vertikalen Raum zu nutzen.
- **Weinkisten:** Sie sehen toll aus und sie bieten Kräutern, Radieschen oder Gartensalat ausreichend Platz zum Wachsen. Eventuell musst du sie mit Stahlklammern verstärken, um ihre Stabilität zu gewährleisten.
- **Kunststoffverpackungen:** Viele Lebensmittel werden noch immer in Kunststoffdosen verpackt, die auch als Pflanzgefäß dienen können. Einfach sammeln statt wegwerfen, du findest ganz sicher selbst heraus, was du worin anbauen kannst. Nutze für den Anbau von Nahrung nur Materialien, die als „lebensmittelecht“ gekennzeichnet sind! Aus anderen Materialien können sich schädliche Stoffe lösen und in dein Essen wandern. In alle anderen Gefäße kannst du deine Blumen pflanzen.

- **Einkaufstüten:** Ich nenne keine Namen, aber sicher hast du zu Hause auch eine dieser großen blauen oder gelben Taschen des berühmten schwedischen Einrichtungshauses … Klingelt da was? Verwende sie doch als Pflanzgefäß – für Kartoffeln wären sie optimal geeignet!
- **Getränkedosen:** Die Dosen aus Aluminium halten mühelos als Pflanzgefäß für Kräuter her, man braucht nur das obere Ende abzuschneiden. Sie funktionieren übrigens auch hervorragend als Anzuchttopf!
- **Ein Paar Stiefel:** These boots are made for walking … aber nicht nur! Auch zum Gärtnern sind sie da. Wolltest du nicht gerade ein paar alte Wanderschuhe wegwerfen? Befülle sie mit Erde und verhilf ihnen zu neuem Leben!
- **Ein durchlöcherter Fußball:** Egal, warum er sein Dasein als Ball ausgehaucht hat, du kannst ihn wiederbeleben und ihn einer neuen Bestimmung zuführen: schneide einfach ein großes Stück an einer Seite heraus, fülle Erde hinein, und schon hast du ein witziges neues Pflanzgefäß.
- **Bidet, Toilette, Badewanne:** Ja, auch in derartigen Behältnissen lassen sich Pflanzen kultivieren – und die Wasserabflusslöcher sind sogar schon vorhanden!

Das sind nur einige Beispiele, um dich auf die richtige Fährte zu locken. Deiner Kreativität sind keine Grenzen gesetzt. Bestimmt wirst du dich mit Begeisterung daran machen, lustige Ideen zu entwickeln und allerlei nützliche Pflanzgefäße zu gestalten. In deinem kleinen Gartenreich kannst du dich ganz nach deinen Wünschen und deinem Geschmack austoben. Was dir gefällt, bestimmst du allein. Also lass es krachen und vor allem üppig sprießen!

Für jede Sorte

DIE RICHTIGE TOPFGRÖSSE

Auf die Größe kommt es nicht an? Oh doch – und wie … zumindest beim Gärtnern! Wie groß der Topf sein muss, hängt stark von Art und Sorte der Pflanzen ab. Ein Beispiel: Kirschtomaten gedeihen in einem Zehn-Liter-Topf gut, größere Tomatensorten oder Zucchini hingegen wären darin stark eingeengt. Diese solltest du eher in einen 18-Liter-Topf setzen. Während der Anzucht brauchen große Sorten nach dem ersten Aufkeimen außerdem ein zweites, etwas größeren Töpfchen, damit sie darin wachsen und kräftig Wurzeln bilden können. Sonst kommen sie in ihren endgültigen Gefäßen nicht an das Wasser heran. Wie das genau funktioniert, erkläre ich am Beispiel der Tomate auf Seite 160. Im Gegensatz dazu kommen etwa Kräuter gut in kleineren Töpfen zurecht, die weniger als sieben Liter fassen.

Hier zeige ich dir, welche Pflanzen ich in unterschiedlich großen Töpfen, Blumenkästen und Anzuchttischen kultiviere. Sie mögen dir als Anhaltspunkt dienen.

Anbau in Blumentöpfen Hier findest du das richtige Topfvolumen für die verschiedenen Obst- und Gemüsearten. Bitte beachte dabei den Grundsatz: lieber eine gesunde und kräftige Pflanze als zwei mickrige! Daher empfehle ich dir, immer nur eine Pflanze pro Topf zu kultivieren!

Topfgröße (Volumen)	**Obst- und Gemüseart**
18–20 Liter	*Zucchini, Auberginen, Gurken, großfruchtige Tomaten, Blumenkohl, Rhabarber, Brokkoli*
10–12 Liter	*Kirschtomaten, mittelfruchtige Tomaten, Paprika, Grünkohl, Fenchel*
7–9 Liter	*Erdbeeren, Himbeeren, Pak Choi, Gartensalat, Spinat*
weniger als 7 Liter	*Küchenkräuter wie Dill, Schnittlauch, Basilikum, Petersilie, Koriander, Rosmarin*

Anbau in Blumenkästen Mithilfe von Blumenkästen lassen sich Balkongeländer und vertikaler Raum besonders effektiv nutzen. Was die Größe angeht, stehen verschiedene Kästen zur Auswahl. Ich baue darin hauptsächlich Blumen, kleinere Obst- und Gemüsearten sowie Küchenkräuter an.

Obst- und Gemüseart	Blumenkasten 10 Liter, Anzahl der Pflanzen	Blumenkasten 15 Liter, Anzahl der Pflanzen
Gartensalat	*3*	*4*
Radieschen	*12*	*20*
Erdbeeren	*2*	*3*
Möhren (kleine Sorten, Snackmöhren)	*8*	*12*
Küchenkräuter (Basilikum, Dill, Minze, Koriander, Petersilie)	*2*	*4*

Anbau in Anzuchttischen Wie bereits erwähnt, schätze ich diese kleinen Hochbeete auf vier Beinen sehr. Ich baue eher kleineres Gemüse darin an. Doch auch bei dieser Methode kommt es auf die Größe und das Fassungsvermögen des Behältnisses an, wie viele Pflanzen ich darin unterbringe.

Obst- und Gemüseart	Anzuchttisch mit 50 Liter, Anzahl der Pflanzen	Anzuchttisch mit 100 Liter, Anzahl der Pflanzen
Gartensalat	*8–10*	*20*
Radieschen	*40*	*60*
Grünkohl	*6*	*10*
Speiserüben	*8*	*14*
Spinat	*8*	*14*
Möhren	*12*	*22*

„Gärtnern heißt,
aus Misserfolgen
zu lernen, um
zukünftige Erfolge
wachsen zu lassen.“

Töpfe und andere Gefäße für die

PFLANZUNG VORBEREITEN

Die Samen sind aufgegangen, die Setzlinge vorgezogen. Sobald sie einige richtige Blätter gebildet und eine gute Größe erreicht haben, ist es an der Zeit, sie in ihre endgültigen Töpfe umzupflanzen. Im Folgenden erkläre ich dir anhand von zwei Methoden, wie die Pflanzgefäße vorbereitet und die Setzlinge umgetopft werden.

DIE EINFACHE METHODE IN SECHS SCHRITTEN:

Sie ist am leichtesten und geht am schnellsten. Du benötigst Tonkugeln, auch Tongranulat oder Blähton genannt. Alternativ kannst du kleine Kieselsteine nehmen. Und natürlich brauchst du Pflanzerde in Bioqualität (siehe dazu Seite 48).

- **Schritt 1:** Einen leeren Topf zur Hand nehmen. Falls nicht schon vorhanden, musst du Drainagelöcher bohren. Ansonsten bohrst du welche hinein.

- **Schritt 2:** Tonkugeln hineingeben, bis der Boden bedeckt ist.

- **Schritt 3:** Mit Pflanzerde bis unter den oberen Rand auffüllen. Gießen und andrücken. Die Erde sollte zum Schluss je nach Topfgröße zwei bis drei Zentimeter unterhalb des Topfrands enden.

- **Schritt 4:** Mit einem Bleistift oder dem Setzholz eine kleine Vertiefung in der Größe des Anzuchttöpfchens deines Setzlings in die Erde drücken.

- **Schritt 5:** Vorsichtig den Setzling in die Vertiefung setzen, die Erde rundherum andrücken, um ihm Halt zu geben, und vorsichtig angießen. Bei Verwendung biologisch abbaubarer Anzuchttöpfe einfach das ganze Töpfchen samt Setzling in die Erde setzen. Bei Anzucht der Setzlinge in Plastikbechern oder Ähnlichem den Wurzelballen des Setzlings vorsichtig aus dem Becher lösen und in die Erde setzen.

- **Schritt 6:** Die Topferde mit etwas Stroh oder trockenem Laub abdecken. Diesen letzten Schritt bezeichnet man als Mulchen – nähere Details dazu erläutere ich im nächsten Abschnitt (siehe Seite 112).

DIE LASAGNE-METHODE IN ZEHN SCHRITTEN:

Diese Methode nimmt etwas mehr Zeit in Anspruch, ist aber auf lange Sicht effektiver, es lohnt sich also! Die Kombination unterschiedlicher Schichten versorgt den Boden und damit die Pflanzen mit allerlei gesunden Nährstoffen. Die Anleitung dazu findest du auf der folgenden Doppelseite.

Die einfache Methode

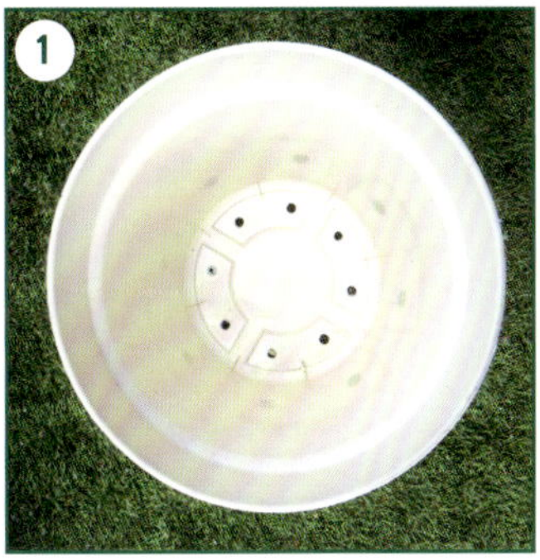

Die Lasagne-Methode

Du benötigst Blähton oder alternativ kleine Kieselsteine. Und natürlich brauchst du Pflanzerde in Bioqualität (siehe Seite 48) sowie Bokashi-Pulpe (siehe Seite 60), dessen Schichten bereits gut gereift sind. Alternativ neuere Küchenabfälle. Außerdem Stroh, das du beispielsweise in einer Zoohandlung erhältst, etwas Kaffeesatz und ein paar Küchenabfälle. Wähle unbedingt ein Pflanzgefäß, das groß genug ist (bei den Porträts der einzelnen Sorten ab Seite 132 empfehle ich dir Gefäßgrößen).

- **Schritt 1:** Einen leeren Topf mit Drainagelöchern zur Hand nehmen.

- **Schritt 2:** Boden mit Blähton bedecken.

- **Schritt 3:** Etwas Stroh darüberschichten. Auch Zweige, trockenes Laub, Pappe (unbedruckt und ohne Klebeband) oder ein bisschen Grasschnitt sind möglich.

- **Schritt 4:** Mit einer etwa zwei bis drei Zentimeter dicken Schicht Erde oder besser noch mit etwas Wurmhumus abdecken.

- **Schritt 5:** Etwas Kaffeesatz darüberstreuen.

- **Schritt 6:** Nun maximal fünf Zentimeter hoch Bokashi-Pulpe oder Küchenabfälle wie Gemüse- oder Obstschalen hinzufügen. Optional fein zerstoßene Eierschalen als Kalzium-Quelle untermischen.

- **Schritt 7:** Mit Pflanzerde bis kurz unter den oberen Rand auffüllen. Die Erde gießen und leicht andrücken.

- **Schritt 8:** Eine Vertiefung für den Setzling in die Erde drücken.

- **Schritt 9:** Den Setzling in die Vertiefung setzen, die Erde rundherum andrucken, vorsichtig angießen. Biologisch abbaubare Anzuchttöpfe können einfach mit in die Erde. Ansonsten den Wurzelballen des Setzlings vorsichtig aus dem Becher lösen.

- **Schritt 10:** Die Erde mit etwas Stroh oder trockenem Laub mulchen.

Solltest du große Pflanzen wie Tomaten, Auberginen oder Zucchini anbauen, dann ist jetzt bereits der Zeitpunkt gekommen, um Stützpfähle in die Töpfe zu stecken, damit du die Pflanzen anbinden kannst und sie auch bei kräftigem Wind stabil stehen und nicht abbrechen. Bambusstäbe gibt es im Gartenmarkt, man schiebt sie einfach nahe dem Stamm bis zum Topfboden in die Erde und bindet diesen mit etwas Schnur daran an.

MULCHEN

Das Aufbringen von Mulch ist auch bei Topfkultur äußerst wichtig und ganz einfach zu bewerkstelligen. Als Mulch dient eine Schicht organischen Materials wie Stroh oder trockenes Laub.

Drei Gründe, die Topferde zu mulchen
Erstens trägt Mulch dazu bei, im Sommer die Feuchtigkeit und in den kühleren Jahreszeiten die Wärme im Boden zu halten. Zweitens hält er Wildwuchs und Unkraut davon ab, sich in den Töpfen anzusiedeln. Das ist nicht zu unterschätzen, denn alles, was zusätzlich zur eigentlichen Kulturpflanze im Topf wächst, entzieht dem Boden Nährstoffe. Drittens zersetzt sich das organische Mulchmaterial mit der Zeit und führt damit dem Boden neue Nährstoffe zu.

Was wird zum Mulchen verwendet?
Natürlich darfst du nur biologisch abbaubare organische Materialien verwenden! Du hast mehrere Möglichkeiten und kannst vieles von dem, was die Natur uns bietet, zum Mulchen einsetzen. Im Herbst z. B. fallen die Blätter. Lies welche auf und lege sie auf deine Topferde. Auch Holzspäne eignen sich gut und bieten hervorragend Schutz. Ich verwende hauptsächlich Stroh, das ich in der Zoohandlung kaufe.

Wann wird mit dem Mulchen begonnen?
Du kannst mulchen, sobald du deine Setzlinge in ihren endgültigen Töpfen platziert hast. Wenn du also deine Tomatenpflanzen ins Freie setzt, fügst du gleich noch etwas Mulch hinzu, besonders wenn es draußen noch kühl ist – diese Extraschicht hält Boden und Wurzeln etwas wärmer. Wenn du nach dem letzten möglichen Frost mit dem Auspflanzen anfängst, beginnt sich auch in der Natur neues Leben zu regen, und überall sprießt das Unkraut. Mulch gebietet dem Wildwuchs in deinen Töpfen auf natürliche Weise Einhalt.

Der richtige

DÜNGER ZUR RICHTIGEN ZEIT

Zur Erinnerung hier noch einmal die wichtigsten Funktionen der einzelnen Makronährstoffe, die wir bereits besprochen haben (siehe Seite 63).

(N) Stickstoff lässt Blätter und Stamm der Pflanze stärker und schneller wachsen.

(P) Phosphor fördert die Entwicklung von Wurzeln, Blüten und Früchten.

(K) Kalium trägt zur Aufrechterhaltung des allgemeinen Gleichgewichts und zur Gesundheit der Pflanze bei.

Während Stickstoff (N) und Kalium (K) in nahezu allen Wachstumsphasen benötigt werden, um die allgemeine Vitalität der Pflanze zu gewährleisten, können wir mit einer höheren Konzentration eines bestimmten Makronährstoffs in einer bestimmten Vegetationsphase und bei bestimmten Obst- und Gemüsearten spielen. Beispielsweise mit Dünger, der mehr Stickstoff und weniger Phosphor enthält, oder auch umgekehrt mit Dünger, der einen höheren Phosphor- und einen niedrigeren Stickstoffanteil aufweist.

Ich liste im Folgenden ein paar konkrete Beispiele auf, um dir zu verdeutlichen, worauf es bei der Auswahl des Düngers ankommt.

- Eine **Tomatenpflanze** bildet in der Wachstums- und Entwicklungsphase zunächst einen Haupttrieb und viele Blätter aus. Sie braucht jetzt, um sich gesund entwickeln zu können, mehr Stickstoff und Kalium. Anschließend tritt sie in die Blühphase ein und benötigt zur Herausbildung zahlreicher Blüten mehr Phosphor. Wenn die Pflanze daraufhin Früchte zu produzieren beginnt, wird auch dies durch eine höhere Phosphormenge erheblich unterstützt. Würde man ihr jedoch konstant Stickstoffdünger verabreichen, würde dies eher das Blattwachstum fördern, nicht aber die Ausbildung von Blüten und Früchten.
- Beim Anbau von **Kopfsalat** geht es in erster Linie um gesunde, knackige Blätter, nicht um Blüten oder Früchte. Hier ist also ein Dünger mit höherem Stickstoff- und Kaliumanteil zu bevorzugen. Ein höherer Phosphorgehalt ist nicht erforderlich, da Salat nicht wegen seiner Blüten, Früchte oder Wurzeln angebaut wird, sondern ausschließlich wegen der Blätter.
- Bei **Wurzelgemüse** wie Möhren oder Radieschen sind die essbaren Wurzeln Ziel unserer Bemühungen. Stickstoff und Kalium spielen am Anfang tatsächlich eine wichtige Rolle, aber später ist ein Dünger mit deutlich höherem Phosphoranteil vorzuziehen, um das Wachstum der Wurzeln anzuregen.

KURZER VEGETATIONSZYKLUS BEI BLATTGEMÜSE (ein bis drei Monate):

1

Aussaat und Anzucht	Wachstumsphase	Ernte
1. Aussaat und Vorziehen der Setzlinge im Haus *2. Töpfe für draußen vorbereiten*	*3. Bokashi-Saft + Dünger höherer Stickstoff- und Kaliumanteil + Pflege*	*4. Ernte einzelner Blätter oder im Ganzen* *5. neue Pflanzen setzen*

Ich hoffe, dass diese Beispiele zum Verständnis des Düngens beitragen. Ich versuche, das Ganze so einfach wie möglich zu erklären, ein Chemiker oder ein Bodenkundler würde sicherlich noch Details hinzufügen und mehr in die Tiefe gehen – im wahrsten Sinne des Wortes. Ziel dieses Buches ist jedoch keine wissenschaftliche Abhandlung, sondern die Vermittlung von Allgemeinwissen, das dich in die Lage versetzt, mit dem Gärtnern zu beginnen. Wer mit dem Klavierspielen beginnt, wird auch nicht gleich mit einer Beethoven-Sinfonie einsteigen. Nach deinem ersten Gärtnerjahr wirst du dir bestimmt mehr Zeit nehmen und auch mehr Lust darauf haben, dich in diese Themen zu vertiefen.

Die folgenden Tabellen verdeutlichen dir auf einen Blick, wie du mit den Kulturen je nach Vegetationszyklus am besten umgehst.

1 **Blattgemüse** (Gartensalat, Grünkohl, Mangold, Spinat etc.): Da die essbaren Blätter geerntet werden, ist ein Dünger mit höherem *Stickstoff-* und *Kaliumanteil* erforderlich.

2 **Wurzelgemüse** (Radieschen, Speiserüben, Möhren etc.): Anfangs einen Dünger mit höherem *Stickstoff-* und *Kaliumanteil* nehmen, damit sich die grünen Pflanzenteile gesund entwickeln und Fotosynthese stattfinden kann. Später zu einem Dünger mit höherem *Phosphor-* und *Kaliumanteil* wechseln, damit sich die Wurzeln stärker entwickeln – schließlich will man leckere Wurzeln ernten und keine Blätter.

3 **Langer Vegetationszyklus** (Tomaten, Auberginen, Zucchini, Gurken, Erdbeeren etc.): Anfangs einen Dünger mit höherem *Stickstoff-* und *Kaliumanteil* nehmen, damit sich die grünen Pflanzenteile gesund entwickeln und Fotosynthese stattfinden kann. Sobald die Blüte einsetzt, zu einem Dünger mit höherem *Phosphoranteil* wechseln, um erst die Entwicklung der Blüten und dann die der Früchte zu begünstigen.

KURZER VEGETATIONSZYKLUS BEI WURZELGEMÜSE (ein bis drei Monate):

2

Aussaat und Anzucht

Wachstumsphase

Ernte

- *1. Aussaat und Vorziehen der Setzlinge im Haus*
- *2. Töpfe für draußen vorbereiten*

- *3. Bokashi-Saft + Dünger höherer Stickstoff- und Kaliumanteil + Pflege*
- *4. Bokashi-Saft + Dünger höherer Phosphor- und Kaliumanteil + Pflege*

- *5. Ernte zum richtigen Zeitpunkt*
- *6. neue Pflanzen setzen*

LANGER VEGETATIONSZYKLUS (drei Monate und länger):

3

Aussaat und Anzucht

Wachstumsphase **mit Blühphase**

Ernte

- *1. Aussaat und Vorziehen der Setzlinge im Haus*
- *2. Töpfe für draußen vorbereiten*

- *3. Bokashi-Saft + Dünger höherer Stickstoff- und Kaliumanteil + Pflege*

in der Blühphase:

- *4. Bokashi-Saft + Dünger höherer Phosphoranteil + Pflege*
- *5. für Bestäubung sorgen*

- *6. Ernte zum richtigen Zeitpunkt*

Liste an Aufgaben während der

WACHSTUMS- UND ENTWICKLUNGSPHASE

Die Pflanzen vor möglichen niedrigen Temperaturen schützen
Auch wenn zu Beginn der Pflanzsaison keine Frostgefahr mehr besteht, können die Nachttemperaturen für einige Arten noch zu kühl sein. Also solltest du junge Pflanzen durch Abdeckhauben auf Töpfen und Anzuchttischen schützen.

Die Pflanzen mit Wasser versorgen
Wie im Abschnitt über das Gießen bereits erwähnt (siehe Seite 54), haben die verschiedenen Obst- und Gemüsesorten unterschiedliche Ansprüche. Also pass deine Gießroutine den jeweiligen Sorten an. Hängen die Blätter schlaff nach unten oder rollen sich ein, ist es höchste Zeit zu gießen. Inspiziere dabei auch gleich deine Pflanzen und werte das Gießen nicht als Zeitaufwand, sondern als gute Gelegenheit zur Entspannung – es ist Entschleunigung pur!

Die Blätter genauer anschauen
Im frühen Stadium sollten die Blätter ein sattes, gesundes Grün aufweisen. Stellst du fest, dass manche gelb werden oder helle Stellen bekommen, könnte das auf Nährstoffmangel oder eine Krankheit wie Mehltau hindeuten. Ich empfehle in diesem Fall, zu düngen und das betreffende Blatt abzuschneiden. Besser ein Blatt opfern, als dass sich eine Krankheit auf die ganze Pflanze ausdehnt.

Überprüfen, ob die Pflanzen von Schädlingen befallen sind
Auch hier kommt es wieder auf ein sorgsames Betrachten an. Entdeckst du Löcher in oder Blattläuse unter den Blättern, solltest du lieber früher als später gegen die kleinen Biester vorgehen. Tipps dazu findest du im Abschnitt „Obst und Gemüse gegen Schädlinge schützen“ (siehe Seite 76).

Die richtigen Düngemittel einsetzen
Vergiss nicht, alle zwei bis drei Wochen zu düngen. Mit dem richtigen Dünger zum richtigen Zeitpunkt erhalten die Pflanzen all jene Nährstoffe, die sie für ein gesundes Wachstum benötigen.

Pflanzen ausputzen und beschneiden
Überflüssige Blätter sind zu entfernen, damit die Pflanze ihre Energie in die verbleibenden steckt, die kräftiger werden und besser wachsen. Ich habe mich anfänglich gescheut, gesunde Blätter abzuschneiden, aber ich versichere dir, dass das der Pflanze hilft. Tomaten profitieren davon, wenn die unteren Blätter gekappt werden, aber auch Wurzelschösslinge sollten entfernt werden. Details findest du bei den einzelnen Pflanzenarten.

Für Bestäubung sorgen
Bei Obst und Gemüse mit langen Vegetationszyklen wie Tomaten, Gurken, Zucchini oder Auberginen werden sich schon bald die ersten kleinen Blüten zeigen, die natürlich bestäubt werden müssen. Das übernehmen vorzugsweise und hoffentlich fleißige Insekten. Doch du kannst auch per Handbestäubung nachhelfen. Im dritten Teil des Buches findest du diesbezüglich genauere Informationen zu den einzelnen Pflanzenarten.

Regelmäßig Bokashi-Saft einbringen
Falls du einen Bokashi-Eimer bzw. eine Bokashi-Box hast, solltest du jede Woche den Saft auffangen. Mit Wasser vermischt, versorgt er die Erde mit natürlichen Nährstoffen und lässt die Pflanzen gut gedeihen.

Die Pflanzen stützen
Wenn es warm ist, wachsen Pflanzen oft erstaunlich schnell, daher solltest du sie immer ein Stück weiter oben erneut am Stützstab anbinden. Schließlich sollen sie, falls mal ein Windstoß kommt, nicht gleich abbrechen.

Den Pflanzen etwas grüne Liebe entgegenbringen
Sieh deinen Pflanzen beim Wachsen zu und genieße es, wie schön sich alles entwickelt. Warum machst du nicht ein paar Fotos und hältst die einzelnen Wachstumsstadien fest? Später wirst du staunen, wie klein die Pflanzen mal waren und wie groß sie jetzt sind!
Und ja, du kannst deinen Pflanzen ruhig etwas liebevolle Fürsorge entgegenbringen. Berühre sie, schütze sie, spüre sie. Wenn du magst, kannst du ihnen auch etwas vorsingen. Ich bin sicher, dass sie dich weder auslachen noch ausbuhen werden – Pflanzen sind wohlwollende und geduldige Zuhörer.

Essen ist fertig!

DIE ERNTEZEIT

Endlich ist der Zeitpunkt gekommen – du stehst im Begriff, dein erstes selbst angebautes Obst und Gemüse zu ernten!

Dies ist ein magischer Moment, und bestimmt erinnerst du dich noch gut an den emotionalen Augenblick, als du vor geraumer Zeit jenes winzige Samenkorn in die Erde gelegt hast. Nun stehst du vor einer Pflanze, die sich prächtig entwickelt hat und die dich und deine Lieben nicht nur nährt und erfreut, sondern dich auch noch mit bester Bioqualität verwöhnt.

Auch in dieser Phase lohnt es, nicht ganz unbedarft an die Sache heranzugehen. Daher habe ich auch hier wieder nützliches Wissen und ein paar Tipps für die Praxis zusammengetragen.

WANN IST DER RICHTIGE ZEITPUNKT FÜR DIE ERNTE?

Gute Frage! Das hängt ganz von den Pflanzenarten und -sorten ab, die du anbaust. Daher findest du genaue Informationen dazu im dritten Teil des Buches, der sich detailliert mit den einzelnen Sorten befasst.

Trotzdem wollen wir uns hier gemeinsam ein paar Beispiele ansehen. Nehmen wir mal Auberginen: Manche Sorten bringen kleine Früchte hervor, andere wiederum große, die alle zu unterschiedlichen Zeiten geerntet werden. Eine generelle Aussage zum richtigen Zeitpunkt ist aus diesem Grund schwierig, und daher sollte man immer das Reifestadium der einzelnen Sorten im Blick haben.

Generell neigen wir dazu, immer noch ein bisschen zu warten – in der Hoffnung, dass das Gemüse bzw. die Frucht noch größer wird. Eigentlich ist es jedoch besser, lieber etwas früher als zu spät zu ernten – und das hat verschiedene Gründe.

Gemüse mit kürzerem Vegetationszyklus wie Gartensalat oder Radieschen sollte man rechtzeitig ernten, denn wartet man zu lange, fangen die Pflanzen doch noch an zu blühen und Samen auszubilden. Einerseits kannst du somit zwar die Pflanzen selbst vermehren, andererseits sind die Blätter bzw. Wurzeln dann aber nicht mehr essbar, da sich Geschmack und Konsistenz verändern. Sie werden bitter bzw. holzig.

Bei Gemüse mit längerem Vegetationszyklus wie Tomaten oder Zucchini empfiehlt es sich ebenfalls, nicht zu spät zu ernten. Nur so kann die Pflanze ihre Kraft weiterhin in ihr Wachstum und ihre Entwicklung investieren und noch mehr Früchte hervorbringen.

WIE WIRD GEERNTET?

Auch das hängt von Art und Sorte ab. Manches Blattgemüse wie Gartensalat, Grünkohl oder Spinat kannst du blattweise ernten, sodass du immer die richtige Menge für deine Mahlzeiten zur Verfügung hast. Die Pflanze wächst weiter und bringt neue Blätter hervor. Du pflückst einfach immer nur die äußeren Blätter ab, und das Herz wächst weiter – fast ein bisschen wie Magie, findest du nicht?

Manche Früchte wie Zucchini muss man drehen, um sie vom Stiel zu lösen. Bei Gurken oder Auberginen brauchst du eine Schere, um sie abzuschneiden. Radieschen und Möhren ziehst du einfach aus der Erde. Letztendlich hat jede einzelne Gemüse- und Obstsorte seine ganz eigene typische Erntetechnik, und diese Vielfalt und Einzigartigkeit macht ja auch die Schönheit der Natur aus.

Die Ernte ist immer ein kleines Abenteuer und faszinierend obendrein, aber eines ist sicher: Egal mit welcher Technik du vorgehst, bestimmt wird dir die Ernte ein breites Lächeln ins Gesicht zaubern! Und anschließend genießt du dann die Belohnung all deiner Mühen: dein eigenes Biogemüse auf dem Teller!

Liste an Aufgaben während der

ERNTEZEIT

Erstes und wichtigstes Gebot:
Freu dich und genieße es!
Genieße einfach deine erste Ernte. Mit der sanften Hilfe der Natur hast du das, was du in Händen hältst, selbst geschaffen. Gönne dir die Zeit, Geruch, Textur, Konsistenz und Geschmack mit allen Sinnen wahrzunehmen und dich daran zu erfreuen. Denn jede Art, jede Sorte ist auf ihre Weise einzigartig.

Regelmäßig ernten
Sobald das Obst bzw. Gemüse reif ist, empfiehlt es sich, so schnell wie möglich zu ernten. So wird Kraft freigesetzt, die die Pflanze in die Entwicklung neuer Früchte steckt. Schau dir auf einem Rundgang durch deinen Balkongarten die Pflanzen genau an, manche Früchte verstecken sich hinter Blättern. Bist du ein Ass beim Ostereiersuchen? Dann kann dich sicherlich erst recht keine Pflanze zum Narren halten!

Neue Sämlinge heranziehen
Wenn du neuen Salat oder neue Möhren haben möchtest, musst du wieder aussäen und neue Pflänzchen ziehen. Das Gute ist, dass du im Sommer, wenn es warm ist, nicht im Haus vorziehen musst, sondern gleich draußen aussäen kannst. Auch brauchst du jetzt keine Anzucht-LED-Lampe, denn es ist hell genug. Allerdings sollten die empfindlichen Jungpflanzen nicht in der prallen Sonne stehen.

Die Erde auch während der Erntezeit düngen
Nur weil eine Pflanze anfängt, Früchte hervorzubringen, bedeutet das nicht, dass sie keine Düngung mehr benötigt. Im Gegenteil: Gerade jetzt in dieser entscheidenden Phase braucht sie Nahrung, damit die ersten Früchte gesund und kräftig geraten und damit sie noch zwei Monate oder länger weitere leckere Früchte hervorbringt. Seevogeldung, auch Guano genannt, ist in diesem Stadium der ideale Dünger, da er viel Phosphor enthält – und genau den benötigt die Pflanze jetzt.

Die Pflanzen ausputzen und Verwelktes abschneiden
Während der Wachstumsphase und vor allem während der Fruchtphase, also in der Erntezeit, ist es völlig normal, dass die Blätter nicht mehr makellos grün sind. Manche werden sogar gelb oder braun, doch auch das ist normal. Schneide sie einfach mitsamt dem Blattstiel ab.

GREEN LOVE

Du hast geerntet –

WAS JETZT?

Sag nicht, dass der ganze Anzuchttisch voller Radieschen oder Salatpflanzen schon leer ist! Alles aufgegessen? Na, dann hoffe ich, dass deine selbst gezogene frische Ernte geschmeckt hat! Natürlich kannst du jederzeit wieder etwas anbauen, sofern noch die richtige Jahreszeit herrscht.

Sollte es für dieselbe Kultur in diesem Jahr bereits zu spät sein, kannst du etwas anderes Wichtiges tun: einen Fruchtwechsel vornehmen und Kulturen für die Herbsternte vorbereiten. Nun wird es auch endlich Zeit, dir etwas über den Unterschied von ein- und mehrjährigen Pflanzen zu erzählen.

EINJÄHRIGE UND MEHRJÄHRIGE PFLANZEN

Die Natur hielt es für angebracht, verschiedene Kategorien von Pflanzen zu schaffen. **Einjährige**, die nur ein Jahr leben; **zweijährige**, die bis zur Samenbildung zwei Vegetationsperioden brauchen und dann absterben; **mehrjährige**, die erst nach mehreren Vegetationsperioden absterben; und **ausdauernde**, die viele, viele Jahre lang immer wieder blühen und Samen bilden. Spinat, Salat oder Erbsen beispielsweise beenden ihren Lebenszyklus nach der Samenbildung im ersten Jahr. Tomaten und Basilikum sind von Natur aus eigentlich mehrjährig bzw. ausdauernd, beide sterben aber in unserem winterkalten Klima im selben Jahr ab. Viele Beeren- und Obstgewächse, aber auch Paprika und Chilis sind bei gutem Winterschutz auch im Topf winterhart und ausdauernd.

Ehe du eine Pflanze wegwirfst, überprüfe, in welche Kategorie sie fällt (siehe Infokasten bei der jeweiligen Pflanzensorte), denn einige treiben im nächsten Jahr wieder aus. Seit zwei Jahren wachsen bei mir nun schon Wald-Erdbeeren in einem kleinen Topf, und noch immer ernte ich regelmäßig viele leckere Früchte!

Was bei Pflanzen mit kurzem Vegetationszyklus zu tun ist

Ist es nicht großartig, dass du von den Pflanzen, die einen kurzen Vegetationszyklus haben, pro Jahr gleich mehrere Ernten einfahren kannst? Gartensalat und Radieschen und Möhren gedeihen vom zeitigen Frühjahr an so lange, bis sich der Sommer endgültig verabschiedet. Und auch danach hast du wunderbare Möglichkeiten und kannst Herbst- und Wintergemüse wie Speiserüben, Spinat, Wintersalate oder Wintermöhren anbauen.

- Nach der Ernte mit einem Handrechen restliche Wurzeln und/oder Stängel in den Töpfen und Anzuchttischen entfernen.

- Mit einer Pflanzkelle ein tiefes Loch graben, das bis zum Boden des Gefäßes reicht.
- Etwas reife Bokashi-Pulpe oder Kompost hineingeben, um die Erde mit neuen Nährstoffen und frischem organischem Material zu versorgen.
- Mit frischer Pflanzerde auffüllen, bis sie wieder bis kurz unter den oberen Rand des Pflanzgefäßes reicht.
- Andrücken, gießen und neu bepflanzen.

Was bei Pflanzen mit längerem Vegetationszyklus zu tun ist

Bevor du irgendetwas unternimmst, kläre ab, ob es sich um eine mehr- oder eine einjährige Pflanze handelt. **Mehrjährige oder ausdauernde Pflanzen** brauchst du nicht umzutopfen, sie wachsen nächstes Jahr einfach weiter. Stelle sie jedoch vor dem ersten Frost ins Haus oder sorge für ausreichend Frostschutz. Sie werden viele Blätter verlieren, und die verbleibenden sehen alles andere als lebendig aus, aber das macht nichts. Ein heller, nicht zu warmer Standort (10 bis 14 °C) am Fenster und regelmäßiges, nicht zu starkes Gießen lässt sie im nächsten Frühjahr wieder neue Blätter austreiben. Hast du keinen Platz in der Wohnung und lebst in einer Gegend mit nur leichtem Frost im Winter, dann genügt es auch, sie beispielsweise mit Frostschutzvlies oder Jutegewebe abzudecken. Wenn jedoch in mehreren aufeinanderfolgenden Nächten strenger Frost herrscht und die Erde im Topf durchfriert, wäre ein warmes Plätzchen drinnen besser.

Bei **einjährigen Pflanzen** oder bei Gewächsen, die in unseren Breiten nicht winterhart und nur schwer drinnen zu überwintern sind, musst du dich dem Lauf der Dinge fügen und akzeptieren, dass die Pflanze noch im selben Jahr abstirbt – dies ist ihre Natur. Die Blätter von Auberginen, Zucchini oder Tomaten sehen dann mit jedem Tag immer schlimmer aus. Wenn die Pflanzen keine neuen Blüten mehr ansetzen, ist es Zeit loszulassen.

Wieso nicht als ersten Schritt der Natur danken, dass sie dir mit dieser Pflanze eine tolle Ernte geschenkt hat? Im Anschluss kannst du neues Leben in deinem grünen Dschungel schaffen. Die Natur hielt es schließlich für angebracht, uns mit vielen Wintergemüsen zu versorgen.

Bereite dazu das Pflanzgefäß genauso vor, wie links für Pflanzen mit kurzem Vegetationszyklus beschrieben. Nun entweder eine neue, der Jahreszeit angemessene Pflanze setzen, z. B. Feldsalat, Spinat oder Pak Choi. Oder du lässt die Erde bis zum nächsten Frühjahr hinein ruhen.

Alte Sorten reproduzieren und

EIGENE SAMEN GEWINNEN

Am Anfang des Buches habe ich den Unterschied zwischen Hybridsorten und samenfesten Sorten erklärt (siehe Seite 17). Konnte ich dich überzeugen, samenfestes Saatgut zu verwenden, dann kannst du Samen für die nächste Saison jetzt selbst gewinnen.

Die Natur ist großzügig – eine einzige Pflanze produziert mitunter Hunderte neuer Samen derselben Sorte. Nachfolgend erkläre ich dir, wie du an diese Samen kommst.

SAATGUT VON BLATT- UND WURZELGEMÜSE MIT KURZEM VEGETATIONSZYKLUS SAMMELN

Solltest du Gartensalat oder Radieschen gezogen haben, möchtest du natürlich am liebsten alles ernten und aufesssen. Es lohnt sich jedoch, eine Pflanze stehenzulassen, sodass sie weiter wächst und Blüten erzeugt.

Bei einem Salatkopf setzt mit der Zeit ein vertikales Wachstum ein, die Pflanze schießt in die Höhe und wird schlank und rank. Wenn sie ihre maximale Größe erreicht hat, stellt sie das Wachstum ein und beginnt, hübsche kleine Blüten auszubilden. Kein Wunder, dass diese Blüten als Bienenweide gelten! Wenn du etwas später das Innere der Blüte betrachtest, wirst du eine große Anzahl Samen pro Blüte entdecken. Noch etwas später, wenn die Samen aussehen wie die, die du damals gekauft hast, brauchst du nur noch die abgeblühten Blüten abzuschneiden, die reifen Samen auf einen Teller oder in einen Becher zu schütteln und zu trocknen – schon hast du Hunderte neuer Samen. So einfach ist das!

Bei Radieschen funktioniert es genauso: Die Pflanze setzt Blüten an, nur bilden sich hier Schoten aus, in denen die neuen Samen stecken. Wenn sie sich braun färben, sammelst du die Schoten ein, legst sie in eine Papiertüte und bewahrst sie an einem trockenen, nicht zu kalten oder zu warmen Ort auf. Sind die Schoten im Herbst oder Winter dann getrocknet, kannst du sie öffnen und die wertvollen Samen herausholen.

Zweijährige Sorten wie z. B. Möhren musst du über den Winter stehen lassen, um an die Samen zu kommen, denn sie blühen erst im zweiten Jahr.

SAATGUT VON PFLANZEN MIT LÄNGEREM VEGETATIONSZYKLUS SAMMELN

Bei den Pflanzen, von denen man die Früchte erntet und die ohnehin eine Blühphase aufweisen, läuft die Samengewinnung anders ab. Die Früchte, die du erntest, enthalten bereits die neuen Samen. Auch bei diesen Pflanzen ist die Samengewinnung völlig unkompliziert.

Bild rechts von links nach rechts:
Gurkensamen, Rhabarbersamen,
Radieschensamen, Auberginensamen.
Bild rechts unten: Salatsamen.

Wichtig ist nur, dass die Früchte perfekt reif sind, damit die Samen keimfähig sind. Und hier einige Beispiele für das Sammeln von Samen aus Früchten:

Zucchini: Einfach längs aufschneiden und die Samen mit einem Löffel herausschaben. Zum Trocknen auf ein Stück Küchenpapier legen und voilà! – neue Samen für nächstes Jahr.
Gurken: Wenn du Gurken längs halbierst, sind die Samen in der Mitte deutlich zu erkennen. Herauslösen, in einem Nudelsieb abtropfen lassen und zum Trocknen auf ein Stück Küchenpapier legen. In ein paar Tagen stehen die neuen Samen bereit.
Tomaten: Hier dauert es etwas länger, doch im Grunde ist es genauso einfach. Tomaten halbieren und die geleeartige Masse, die die Samen enthält, mit einem Löffel herausheben. In eine Schüssel oder ein Glas mit Wasser geben – nach ein bis zwei Tagen sammeln sie sich am Boden des Gefäßes. Falls sich etwas Schimmel gebildet hat, ist das völlig normal und kein Grund zur Panik. Die Samen einfach abspülen und auf einem Stück Küchenpapier trocknen lassen. Schon hast du Samen für eine neue Runde Tomaten gewonnen.

An dieser Stelle sind wir am Ende der Reise, am Ende eines vollen, tollen Wachstumszyklus angelangt. Lassen wir es Revue passieren: Du hast einen Samen in Erde gelegt. Aus ihm erwuchs eine herrliche Pflanze. Sie hat dich mit leckerem, gesundem Obst bzw. Gemüse versorgt – und aus nur einer dieser Früchte hast du viele Samen gewonnen, sodass du dieselbe Sorte nächstes Jahr wieder anbauen kannst. Was für eine Magie!

Nun, da wir alle grundlegenden Prinzipien besprochen und uns eingehender mit den Vegetationsphasen befasst haben, besitzt du das nötige Grundwissen, um deinen eigenen urbanen Dschungel, dein eigenes kleines Paradies zu erschaffen. Der nächste Teil des Buches behandelt Art für Art die einzelnen Obst- und Gemüsepflanzen und liefert dir die notwendigen Informationen zu Besonderheiten, die du beim Anbau kennen solltest.

DEIN PFLANZEN-GUIDE

Sorte für Sorte

Der Anbau einzelner

PFLANZENARTEN IM DETAIL

EIN PAAR BEMERKUNGEN VORAB

In den vorangegangenen Teilen des Buches habe ich nicht nur die Grundprinzipien des Gärtnerns erläutert, sondern dir auch detaillierte Anleitungen für die einzelnen Vegetationsphasen präsentiert. Daher solltest du nun über solide Kenntnisse diesbezüglich verfügen. Wie du erfahren hast, haben die unterschiedlichen Obst- und Gemüsearten – oft sogar einzelne Sorten – jeweils spezifische Bedürfnisse hinsichtlich Nährstoffen, Bewässerung und Pflege. Um gute Ernten zu erzielen, ist es unabdingbar, diese Besonderheiten zu kennen. Daher befassen wir uns nun eingehender mit den einzelnen Kulturen und Nutzpflanzen, und zwar Art für Art.

Ich habe die Pflanzen in zwei Gruppen aufgeteilt: Arten mit kurzem Vegetationszyklus und Arten mit längerem. Pro Art gibt es ein paar allgemeine Sätze zur Einführung und dann die Besonderheiten, die in den einzelnen Wachstumsphasen zu beachten sind. In einem Infokasten siehst du für jede Art die wichtigsten Angaben auf einen Blick:

- **Gefäßempfehlung:** nennt die richtige Topf- bzw. Gefäßgröße und beziffert, wie viele Pflanzen einer Art pro Gefäßtyp du anbauen kannst. Das sind alles Empfehlungen, die ich selbst erfolgreich ausprobiert habe.
- **Sonneneinstrahlung:** nennt die optimale Dosis Sonnenlicht, die eine Art braucht:
  - Vollsonne = mindestens sechs Stunden direkte Sonneneinstrahlung
  - Halbschatten = mindestens drei Stunden, höchstens sechs Stunden direkte Sonneneinstrahlung
  - lichter Schatten = weniger als drei Stunden direkte Sonneneinstrahlung, aber mehrere Stunden lichter Schatten
- **Aussaat:** gibt an, wie viele Wochen vor dem letzten zu erwartenden Frost im Frühjahr (bei Frühjahrs-/Sommergemüse) bzw. wie viele Wochen vor dem ersten zu erwartenden Frost im Spätherbst (bei Herbst-/Wintergemüse) die Aussaat erfolgen sollte.
- **Aussaat bis Ernte:** gibt die Länge des gesamten Vegetationszyklus von der Aussaat bis zur Ernte in Monaten an.
- **Anbauart:** gibt an, wie lange du die Pflanze kultivieren kannst. Einjährige Pflanzen sterben noch im selben Jahr ab. Zweijährige Pflanzen sterben erst im zweiten Jahr ab. Mehrjährige Pflanzen gedeihen viele Jahre. Es gibt auch Pflanzen, die dort, wo sie herkommen, mehrjährig sind, in unserem Klima aber den Winter nicht überstehen; diese werden dann bei uns in der Regel nur einjährig gezogen. Aus der Anbauart kannst du ableiten, ob du, nachdem die Pflanze Samen gebildet hat, eine neue Pflanze heranziehen

Beispiel Gartensalat

musst oder ob die Pflanze im nächsten Jahr wieder weiterwachsen wird – dann solltest du sie im Winter ins Haus räumen oder anderweitig vor Frost schützen.

- **Wasserbedarf:** zeigt an, ob du viel gießen musst oder nicht. Die drei Stufen bzw. Wassertropfen reichen von „niedrig" über „mittel" bis hin zu „hoch".
- **Pflegebedarf:** weist darauf hin, wie viel Pflege du für ein gesundes Wachstum der jeweiligen Pflanze aufbringen musst. Reicht von „niedrig" (grün), wenn im Grunde fast nichts zu tun ist, über „mittel" (gelb), wenn einige Aufgaben anstehen, bis hin zu „hoch" (rot), wenn die Pflanze nach viel Pflege, Aufmerksamkeit und Sorgfalt verlangt.
- **Platzbedarf:** informiert über die Größe der voll ausgewachsenen Pflanze und damit über den Raum, den sie auf Balkon oder Terrasse beansprucht. Manche Arten brauchen sehr viel Platz, und manche müssen gestützt werden. Auch hier gibt es eine dreistufige Einteilung von „klein" (ein graues Kästchen, z. B. Salat) über „mäßig" (zwei graue Kästchen, z. B. Auberginen) bis hin zu „üppig" (drei graue Kästchen, z. B. Gurken, die sich oft horizontal und vertikal stark ausbreiten). Der Raum, den die Pflanzen zum Wachsen brauchen, ist bereits von Anfang an beim Auspflanzen der Setzlinge einzukalkulieren.

GEFÄSSEMPFEHLUNG

- 2 Salatpflanzen je 4-l-Topf
- 3–4 Salatpflanzen je 10-l-Blumenkasten
- 8–10 Salatpflanzen je 50-l-Anzuchttisch

SONNENEINSTRAHLUNG

anfangs Sonne, später Halbschatten

AUSSAAT

- 4 Wochen vor dem letzten zu erwartenden Frost im Frühjahr
- 8 Wochen vor dem ersten zu erwartenden Frost im Herbst/Winter

AUSSAAT BIS ERNTE

2–3 Monate

ANBAUART

einjährig

WASSERBEDARF 

PFLEGEBEDARF 

PLATZBEDARF 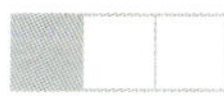

Lies die Angaben zu den einzelnen Nutzpflanzen sorgfältig durch, damit du dich auf ihre Ansprüche und Bedürfnisse einstellen kannst. Ich gebe zudem jeweils noch ein paar individuelle und persönliche Tipps, auch zu Sorten, die ich empfehlen würde, und zu Fehlern, die es zu vermeiden gilt.

Dein urbaner Garten im

WANDEL DER JAHRESZEITEN

Es gibt so viele Sorten anzubauen, doch das Besondere ist, dass du alle Jahreszeiten nutzen und damit immer saisonal ernten kannst.

Wer nur wenig Platz hat, kann vom Frühjahr bis in den Winter hinein in nur einem Anzuchttisch verschiedenste Arten ziehen. Und wer dazu eine schützende Abdeckhaube sein Eigen nennt, kann sogar noch früher mit dem Auspflanzen beginnen und das Gärtnern noch länger im Jahreslauf ausdehnen. Die Haube wirkt wie eine Art Minigewächshaus. Dazu ein konkretes Beispiel: Ich fing im Januar an und bestückte meinen Anzuchttisch mit Winterspinat. Nach der Ernte folgte im April Gartensalat, danach kamen Radieschen im Juni an die Reihe und eine neue Runde Radieschen im Juli. Ende August schließlich folgten ein paar sehr leckere Speiserüben, und im November gab es Wintersalat.

In ein und demselben Anzuchttisch lassen sich also im Wechsel der Jahreszeiten alle möglichen Gemüse ziehen. Und nun stell dir vor, wie viel sich erst in drei oder vier Anzuchttischen ziehen ließe! Dein Anbau könnte dich das ganze Jahr über regelmäßig mit den verschiedensten gesunden Lebensmitteln versorgen – nicht nur saisonal, sondern auch regional! Regionaler geht gar nicht, sie sind ja von deinem Balkon!

Solltest du in der glücklichen Lage sein, über mehr Platz zu verfügen und mehrere Anzuchttische und Töpfe aufstellen zu können, sind die Auswahl und die Möglichkeiten noch größer. In diesem Fall würde ich vorschlagen, dass du jeweils einige der Anzuchttische oder Töpfe für bestimmte Gemüse reservierst. Nehmen wir an, du hast vier Anzuchttische, dann kannst du in einem vom Frühjahr bis in den Winter ausschließlich Gartensalat anbauen, allerdings verschiedene, der jeweiligen Jahreszeit entsprechende Sorten. Für jede Jahreszeit stehen speziell geeignete Salatsorten zur Verfügung. Einen anderen Anzuchttisch kannst du vom Frühjahr bis in den Spätherbst für Radieschen nutzen – hier lassen sich mindestens zwölf große Bund Radieschen ernten. Und wenn es kühler wird, wechselst du einfach – auf Speiserüben beispielsweise. Wenn du Grünkohl magst, kannst du locker sechs Grünkohlpflanzen in einen Anzuchttisch setzen, was dich vom Frühjahr bis zum Herbst mit gesundem Grünkohl versorgt. Und im letzten Anzuchttisch baust du Möhren an, denn auch hier harren viele verschiedene saisonale Sorten deiner Entdeckung. Alles ist flexibel, du kannst dir also je nach persönlicher Vorliebe und Geschmack und im Einklang mit den Jahreszeiten dein eigenes Traumszenario zusammenstellen.

Die Beispiele mit Anzuchttischen lassen sich je nach Pflanzenart auch auf Blumenkästen oder Töpfe anwenden. Wenn im Spätsommer die Tomatenpflanzen im Topf erschöpft aussehen, verabschiede dich von ihnen und pflanze stattdessen Fenchel oder Brokkoli. Dasselbe gilt für Pflanzkästen: Neigt sich die Radieschensaison dem Ende zu, wechsle zu Spinat. Mit dem saisonalen Wechsel der angebauten Gemüse, der Fruchtfolge, lässt sich, wenn man es geschickt anstellt, wunderbar spielen: Der Sommer geht zu Ende, und eine neue Aussaatphase beginnt!

Jedes Mal, wenn du erntest, solltest du deinem Boden neue Nährstoffe zuführen, ehe du neu aussäst oder anpflanzt. Nimm dazu einfach den Rechen und harke die verbleibenden Wurzeln aus der Erde, vergrabe etwas gut verrottete Bokashi-Pulpe oder etwas Kompost und fülle gegebenenfalls mit neuer Erde auf. Dann kannst du loslegen und neues Gemüse pflanzen. Klar, diese Vorbereitung des Bodens ist mit etwas Arbeit verbunden, aber was ist das schon gegen das Glück, das ganze Jahr lang leckere Biolebensmittel auf dem Balkon zu haben.

An dieser Stelle bleibt mir nur noch, dir zu wünschen, dass du viele neue Gemüsearten ausprobierst und neue saisonale Sorten entdeckst. Langweilig wird dir dabei bestimmt nicht, denn es gibt Tausende Möglichkeiten. Und vergiss das Träumen nicht! Viel Spaß nun auf deiner Reise durch die Jahreszeiten, von denen jede auch im urbanen Garten ihren ganz eigenen Reiz hat.

Wir beginnen im Folgenden übrigens zunächst mit den Kulturen mit kurzem Vegetationszyklus, also mit Gemüsearten, die von der Aussaat bis zur Ernte weniger als vier Monate benötigen. Anschließend folgen die Kulturen mit längerem Vegetationszyklus. Diese Arten brauchen mehr als vier Monate von der Aussaat bis zur Erntereife.

KURZER VEGETATIONSZYKLUS

GARTENSALAT

frisch & grün

Gartensalat anzubauen ist ein wunderbares Abenteuer und auch für Anfänger geeignet. Ich staune immer wieder, wie aus einem so filigranen Samenkörnchen eine so ausladende Blattrosette wird. Gartensalat beansprucht keinen Sonnenplatz, und viel Platz für Wurzeln braucht er nicht, aber über der Erde kann er ausladend werden. Ein weiterer Vorteil ist das riesige Angebot an köstlichen Sorten – sie sind auf die verschiedenen Jahreszeiten abgestimmt. Vom letzten Frost im Frühjahr bis zum ersten Frost im Winter kannst du immer Salat auf deinem Balkon haben.

AUSSAAT Mit der ersten Aussaat des Jahres kannst du vier Wochen vor dem letzten zu erwartenden Frost beginnen – etwa mit der Kopfsalat-Sorte 'Maikönig'. Ziehe die Setzlinge im Haus vor, lege ein Samenkorn pro Anzuchttöpfchen maximal einen Zentimeter tief in die Erde. In größere Gefäße kannst du mehrere Samen einsetzen. Säst du nur ein Samenkorn pro Töpfchen, geht das spätere Auspflanzen leichter. Die Samen sollten innerhalb von sieben bis zehn Tagen keimen. Sobald zwei bis drei kleine Blätter aus der Erde schauen und kein Frost mehr erwartet wird, können die Pflänzchen ins Freie umgesetzt werden.

WACHSTUM Pflanze die vorgezogenen Setzlinge jetzt in ihr endgültiges Heim um (siehe Gefäßempfehlung im Infokasten). Wichtig ist, die Größe der ausgewachsenen Pflanzen ungefähr abzuschätzen. Die verschiedenen Varietäten des Gartensalats unterscheiden sich nicht nur durch Aussehen und Geschmack, sondern auch durch die Wuchsform: Bataviasalat wächst eher in die Breite und benötigt mehr Bodenfläche, Romana- bzw. Römersalat wächst hingegen mehr in die Höhe. Setze die Jungpflanzen nicht zu eng, damit die einzelnen Salatköpfe genügend Raum haben und sich optimal entwickeln können. Sollte es im Frühjahr noch kühl sein, empfehle ich, die Salatpflänzchen im Freien zum Schutz nachts abzudecken. Außer regelmäßigem Gießen, um die Erde feucht zu halten, ist keine besondere Pflege erforderlich. Du kannst den Pflanzen mit normalem Dünger mit hohem Stickstoff- und Kaliumgehalt etwas Gutes tun, ansonsten braucht er nicht viele Nährstoffe, sofern du gute Erde verwendet hast.

ERNTE Von der Aussaat bis zur Ernte deines Salats vergehen zwei bis drei Monate. Entweder du wartest, bis der Salatkopf zu voller Größe herangewachsen ist und schneidest ihn im Ganzen ab, oder du erntest nach dem Prinzip des Pflücksalats und schneidest von außen nach innen Blatt für Blatt ab – so viel, wie du gerade brauchst. Die Pflanze selbst bleibt in der Erde, wächst weiter und bringt von innen heraus immer neue Blätter hervor, die du ernten kannst. Das solltest du

auch tun, denn endlos geht da Blattwachstum nicht so weiter. Irgendwann schießt der Salat in die Höhe und beginnt zu blühen. Sobald der Salat anfängt zu schießen, werden die Salatblätter klein und bitterer.

Tipps

Anzuchttische sind für den Salatanbau ideal. Hier können mehrere Pflanzen gleichzeitig wachsen, und die durchsichtigen Abdeckungen bieten im Frühjahr optimalen Schutz vor frischen Temperaturen.

Im Frühling mag der Salat Sonne, später sollte er es eher etwas schattiger haben, damit er nicht zu schnell schießt. Zum Glück lassen sich Töpfe verschieben!

Sich mit Salat komplett selbst zu versorgen ist möglich. Dazu solltest du zwei Wochen nach dem ersten Umpflanzen der Setzlinge ins Freie neue Setzlinge vorziehen. Diese sind genau zur richtigen Zeit so weit, um den inzwischen geernteten Salat der ersten Charge zu ersetzen.

GEFÄSSEMPFEHLUNG

- 2 Salatpflanzen je 4-l-Topf
- 3–4 Salatpflanzen je 10-l-Blumenkasten
- 8–10 Salatpflanzen je 50-l-Anzuchttisch

SONNENEINSTRAHLUNG

anfangs Sonne, später Halbschatten

AUSSAAT IM HAUS

- 4 Wochen vor dem letzten zu erwartenden Frost im Frühjahr
- 8 Wochen vor dem ersten zu erwartenden Frost im Herbst/Winter

AUSSAAT BIS ERNTE

2–3 Monate

ANBAUART

einjährig

WASSERBEDARF

PFLEGEBEDARF

PLATZBEDARF

KURZER VEGETATIONSZYKLUS

RADIESCHEN

würzig & knackig

Radieschen sind köstliche, essbare Wurzeln und ein Naschgemüse, das jeder auf dem Balkon ziehen kann – einfach im Anbau und erst recht in der Ernte. Stell dir nur das verlockende Bund knackiger Bioradieschen vor, das du schon bald in Händen hältst! Du kannst vom Frühjahr bis Anfang Herbst frische Radieschen ziehen. Viele verschiedene Sorten – von lang und walzenförmig bis kugelrund, von rot über weiß bis hin zu fast schwarz – warten darauf, entdeckt zu werden. Sie wachsen gut in Blumenkästen und noch besser in Anzuchttischen. Mein Radieschen-Anzuchttisch versorgt mich im Durchschnitt mit 40 bis 60 Radieschen, das entspräche drei großen Bund, wenn man sie kaufen würde. Der Vegetationszyklus ist relativ kurz, nach sechs Wochen kann man meist ernten, jedoch gibt es auch Sorten, die nur 18 Tage brauchen.

AUSSAAT Das Vorziehen von Setzlingen ist bei Radieschen nicht nötig, man sät sie direkt in die Erde des Pflanzgefäßes. Ich verrate dir meine absolute Blitzmethode: einfach mit einem dünnen Bleistift oder Setzholz einen Zentimeter tiefe Löcher im Abstand von jeweils fünf Zentimeter in die Erde drücken, in jedes Loch ein Samenkorn legen, mit Erde bedecken, leicht festdrücken und vorsichtig angießen. Es gibt noch eine weitere simple Methode – fertige Saatbänder. Diese bestehen aus biologisch abbaubarem Material, das bereits Radieschensamen im richtigen Abstand enthält: einfach in die Erde legen, angießen und einen Zentimter dick mit Erde bedecken. Dann heißt es nur noch ein bisschen warten!

WACHSTUM Meist keimen die Samen nach fünf bis sieben Tagen. Zunächst sprießen grüne Blättchen, dann wächst unterhalb davon das Radieschen in der Erde heran. Sollten zwei Keimlinge zu nah beinander stehen, entfernst du einen davon, damit sich der andere voll entfalten kann. Sonderlich viel Wasser brauchen Radieschen nicht, der Boden darf aber nicht austrocknen. Ansonsten benötigen sie kaum Pflege. Anfangs ist eine Düngergabe mit erhöhtem Stickstoff- und Kaliumanteil empfehlenswert. Sobald die Blätter sich gut entwickelt haben, solltest du auf Dünger mit höherem Phosphoranteil umschwenken, um das Wurzelwachstum anzuregen.

ERNTE Das Reifestadium der Radieschen ist immer wieder zu überprüfen. Die 18-Tage-Sorte bleibt klein und muss rechtzeitig geerntet werden, Sorten wie 'French Breakfast' werden größer. Gewöhnlich schaut ein Drittel der Wurzelknolle aus dem Boden, die anderen beiden Drittel stecken in der Erde – so kannst du gut abschätzen, wie groß sie wirklich sind. Am einfachsten ist es, ein Radieschen aus der Erde zu ziehen und zu

kosten. Je länger du mit der Ernte wartest, umso würziger und schärfer werden sie. Mit dem Aufessen nach der Ernte solltest du am besten nicht warten – je schneller du die Radieschen isst, destor frischer und knackiger schmecken sie.

Tipps

Eine dankbare und köstliche Radieschensorte heißt 'French Breakfast', sie weist die perfekte Balance zwischen Größe und Geschmack auf.

Nach der ersten vollständigen Ernte harkst du die verbleibenden Wurzeln aus der Erde, gießt, drückst die Erde etwas fest und fängst von vorn an – wieder nach der Methode mit dem Stift oder Setzholz. Schon bald zeigen sich abermals neue Radieschen.

In einem warmen Sommer fangen Radieschen recht schnell an, Blüten zu treiben. Hier muss man fix sein mit der Ernte, sonst werden sie holzig und schmecken nicht.

GEFÄSSEMPFEHLUNG
- 12 Radieschen je Blumenkasten
- 40–60 Radieschen je Anzuchttisch

SONNENEINSTRAHLUNG
Sonne, Halbschatten oder lichter Schatten

DIREKTAUSSAAT
- nach dem letzten zu erwartenden Frost im Frühjahr direkt im Freien aussäen
- 4 Wochen vor dem ersten zu erwartenden Frost im Herbst/Winter

AUSSAAT BIS ERNTE
1–2 Monate

ANBAUART
einjährig

WASSERBEDARF

PFLEGEBEDARF

PLATZBEDARF
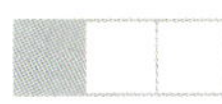

KURZER VEGETATIONSZYKLUS

GRÜNKOHL

kraus & gesund

Grünkohl bereichert den Balkongarten mit seinen unglaublich gesunden, zarten und herrlich krausen Blättern, aus denen nicht selten ein prächtiger kleiner Baum erwächst – die „Palme des Nordens“. Grünkohl zählt zu den nährstoffreichsten Blattgemüsearten, er ist kalorienarm und sehr reich an Vitamin A, K und C. Ein regelrechtes Wundergemüse auf dem Teller und zudem recht einfach zu ziehen, da Grünkohl kaum Pflege erfordert. Schon im zeitigen Frühjahr kannst du mit dem Anbau beginnen, da sich das Gemüse gerade bei kühleren Temperaturen gut entwickelt, und bis zum Spätsommer weitermachen. Auch im Winter lässt sich Grünkohl anbauen, viele Sorten sind winterhart. Es heißt, wenn er erst einmal Frost abbekommen hat, sei der Geschmack noch besser.

AUSSAAT Beginne mit der Aussaat im Frühjahr sechs Wochen vor dem letzten zu erwartenden Frost. Auf diese Weise hat die Pflanze genügend Zeit, sich im Haus gut zu entwickeln, sodass sie im Freien dann schnell zu voller Größe heranwachsen kann. Der Samen wird einen Zentimeter tief in einzelne Anzuchttöpfe gelegt und keimt meist innerhalb von fünf bis acht Tagen.

WACHSTUM Grünkohl lässt sich gut im Anzuchttisch anbauen, aber auch in Töpfen. Ich empfehle einen Zehn-Liter-Topf je Pflanze, so kann sie zu einer kleinen, hübschen Grünkohlpalme heranwachsen. In einen Anzuchttisch setze ich maximal sechs Stück. Die bevorzugte Lage und Sonneneinstrahlung hängt stark von der Jahreszeit ab. Im Frühjahr, wenn es noch kühl ist, fühlt sich Grünkohl in voller Sonne wohl. Bei höheren Temperaturen im Sommer ist ein Platz im Halbschatten besser. Aber du bist ja flexibel auf deinem Balkon und kannst die Töpfe und Gefäße nach Belieben umherschieben. Damit die Pflanze üppig wächst, solltest du alle zwei bis drei Wochen mit einem stickstoff- und kaliumreichen Düngemittel düngen. Ein großer Feind des Grünkohls sind Blattläuse, kontrolliere also regelmäßig die Unterseite der Blätter und handle bei Bedarf entsprechend. Eine Möglichkeit ist auch, eine Pflanze kampflos den Blattläusen zu überlassen. Solange sie gesund ist, bleiben die Blattläuse dort und lassen die anderen Pflanzen in Ruhe – abenteuerlich, aber durchaus eine Überlegung wert.

ERNTE Grünkohl hat den großen Vorteil, dass man blattweise ernten kann und sich nicht vom gesamten prächtigen Hauptstamm verabschieden muss. Schneide immer nur die unteren, größeren Blätter ab, so wächst die Grünkohlpflanze oben weiter und bringt immer neue Blätter hervor. Wenn du Glück hast, schafft es ein im zeitigen Frühjahr in ein Gefäß im Freien gepflanzter Grünkohl

bis zum Frühherbst. Im zweiten Jahr lässt sich meist nichts mehr ernten, aber die Pflanze wird blühen, und du kannst die Samen sammeln und neu aussäen. Vorher unbedingt die Erde wieder mit Nährstoffen anreichern!

Tipps

Grünkohl nur Blatt für Blatt ernten, das gewährleistet im gesamten Frühling und Sommer eine kontinuierliche Versorgung.

Sorten wie 'Halbhoher Grüner Krauser' bieten sich für den Anbau vom Frühjahr bis zum Spätsommer an. Dann sollte man zu Grünkohlsorten wie 'Russian Red' wechseln, die problemlos Frost vertragen.

Falls du auf der Suche nach einer leichten und knusprigen Vorspeise oder Knabberei bist, probiere doch mal Grünkohlchips. Einfach ein paar frische Grünkohlblätter ernten, etwas Olivenöl dazu und ab in den Ofen damit. Köstlich!

GEFÄSSEMPFEHLUNG

- 1 Grünkohlpflanze je 10-l-Topf
- 5–6 Grünkohlpflanzen je Anzuchttisch

SONNENEINSTRAHLUNG

Sonne oder Halbschatten

AUSSAAT IM HAUS

- 4 Wochen vor dem letzten zu erwartenden Frost im Frühjahr
- 6 Wochen vor dem ersten zu erwartenden Frost im Herbst/Winter

AUSSAAT BIS ERNTE

3 Monate

ANBAUART

zweijährig (Ernte nur im ersten Jahr)

WASSERBEDARF

PFLEGEBEDARF

PLATZBEDARF

KURZER VEGETATIONSZYKLUS

MÖHREN

knackfrisch mit Biss

„Hattu Möhrchen? Muttu aufessen!“ Es geht doch nichts über einen leckeren Snack. Also gute Nachricht für alle, die gern knackfrische Möhren knabbern: Der Anbau auf dem Balkon ist tatsächlich möglich! Allerdings wächst dieses Wurzelgemüse im Gegensatz zu Radieschen ganz schön in die Tiefe, was bei der Auswahl des Pflanzgefäßes unbedingt zu beachten ist. Um eine gute Ernte zu gewährleisten, empfehle ich kleinere Sorten, die sich eher für den Anbau im Topf eignen.

AUSSAAT Möhren kann man zwar direkt ins endgültige Pflanzgefäß säen, dennoch finde ich es einfacher, Setzlinge in einzelnen Anzuchttöpfen vorzuziehen. Diese lassen sich dann besser im korrekten Abstand zueinander an die richtige Stelle pflanzen. Setze den Samen einen Zentimeter tief ein und halte die Erde gut feucht. Je nach Sorte keimen die Samen innerhalb von 14 bis 21 Tagen. Wundere dich nicht – Möhrensamen brauchen tatsächlich erstaunlich lange. Hier zeigt sich wieder einmal, dass Gärtnern der ideale Weg ist, um zu lernen, sich in Geduld zu üben.

WACHSTUM Wie bereits erwähnt, sind ausreichend tiefe Gefäße unabdingbar, damit die Möhren zum Wachsen genug Raum nach unten haben. Auch in der Breite brauchen sie Platz – mindestens zehn Zentimeter Abstand zur nächsten Pflanze. Möhren wachsen tief in die Erde und werden dicker. Zu eng gesetzte Pflanzen entwickeln sich daher nicht gut. Regelmäßiges Gießen ist wichtig, die Erde darf nicht austrocknen, sondern muss gleichmäßig feucht gehalten werden. Gießt man Möhren nur sporadisch, dann aber reichlich, neigen sie zum Aufplatzen. Zu Beginn freuen sie sich über einen stickstoff- und kaliumreichen Dünger, aber sobald sich das Laub gut ausgebildet hat, ist der Wechsel zu einem Dünger mit höherem Phosphor- und Kaliumanteil angesagt. Er fördert das Wurzelwachstum – schließlich wollen wir die Wurzeln ernten, nicht die Blätter. Stickstoff kommt also nur ganz am Anfang des Wachstumsprozesses zum Einsatz.

ERNTE Den besten Zeitpunkt für die Ernte zu erkennen ist nicht leicht, aber es gibt einen Trick: Entferne mit dem Finger rund um den Stängel etwas Erde, so bekommst du das obere Ende der Möhre zu Gesicht. Je nach Sorte kannst du nun abschätzen, ob sie schon groß genug ist. Ich gebe zu, die Möhrenernte hat etwas von einem Glücksspiel – manchmal verliert man. Aber wenn man gewinnt und ein stattliches Exemplar zum Vorschein kommt, ist der Genuss umso größer! Um Möhren zu ernten, umfasst du den Stängel am unteren Ende und ziehst langsam nach oben, bis du jenes Knackgeräusch hörst, mit dem sich die eigentliche Möhre von den anderen, kleineren Wurzeln losreißt.

Tipps

Wähle unbedingt kleinere Sorten. Große Möhrensorten eignen sich nur für den Anbau im Garten.

Erkunde das weite Feld alter, samenfester Möhrensorten. Es gibt so viele verschiedene, die noch dazu speziell für die einzelnen Jahreszeiten gezüchtet wurden.

Wie wäre es mit einer Regenbogen-Möhrenernte? Es gibt Samenmischungen mit Möhren in vielen Farben zu kaufen.

Sobald das Laub gut entwickelt ist, unbedingt auf hohen Stickstoffgehalt im Dünger verzichten! Sonst wachsen die Blätter weiter und die Wurzel bleibt auf der Strecke.

Wenn du einige Möhren in der Erde lässt, bilden sie im nächsten Jahr Blüten, und du kannst bald Samen sammeln.

GEFÄSSEMPFEHLUNG

- 6 Möhrenpflanzen je 12-l-Topf
- 8 Pflanzen einer kleinen Snackmöhrensorte je normalgroßem Blumenkasten
- 12–22 Möhrenpflanzen je Anzuchttisch

SONNENEINSTRAHLUNG

Sonne, Halbschatten oder lichter Schatten

AUSSAAT IM HAUS

- 4 Wochen vor dem letzten zu erwartenden Frost im Frühjahr
- 12 Wochen vor dem ersten zu erwartenden Frost im Herbst/Winter

AUSSAAT BIS ERNTE

3 Monate

ANBAUART

zweijährig (Blüte im 2. Jahr)

WASSERBEDARF

PFLEGEBEDARF

PLATZBEDARF

MANGOLD

bunt & variantenreich

Vielleicht kennst du diese großen dunkelgrünen Blätter mit den leuchtend roten, gelben, orangefarbenen oder lila Blattrippen und Stielen bereits. Wenn nicht, solltest du schon aus Neugier mit dem Anbau beginnen, denn Mangold bringt Farbe auf deinen Balkon. Überdies ist er kalorienarm, aber reich an Magnesium, Eisen, Kalium und den Vitaminen A, C und K. Mangold wächst besser bei kühlen Temperaturen und eignet sich damit perfekt für die Pflanzung im Frühjahr und im Herbst.

AUSSAAT Beginne mit der Aussaat vier Wochen vor dem letzten zu erwartenden Frühjahrsfrost. Am besten setzt du ein Samenkorn pro Anzuchttopf zwei Zentimeter tief in die Erde. Die Keimzeit beträgt ein bis zwei Wochen. Aus einem Samenkorn sprießen in der Regel zwei bis drei Keimlinge, von denen du allerdings nur einen brauchst – den kräftigsten natürlich. Also lass sie ein paar Tage wachsen, um zu sehen, welcher sich am besten entwickelt. Die anderen, schwächeren, entfernst du komplett, indem du sie vorsichtig herausziehst.

WACHSTUM Leichter Frost wird von Mangold meist toleriert, du kannst ihn also schon vor dem letzten zu erwartenden Frühjahrsfrost ins Freie umsetzen. Zum Schutz solltest du die Töpfe dann mit einer Haube abdecken. Ein Zehn-Liter-Topf ist für eine Pflanze ausreichend, doch es gilt: Je größer der Topf, desto größer wird die Pflanze. Dünge alle zwei bis drei Wochen mit hohem Stickstoff- und Kaliumanteil, damit sich die farbigen Stiele und die Blätter gut entwickeln.

ERNTE Mangold wird blattweise geerntet. Brich die Blattstiele der unteren bzw. äußeren Blätter ab oder nimm eine Gartenschere für einen sauberen Schnitt. Je nach Geschmack kann man Mangold gekocht oder roh essen – er liefert viele gesunde Nährstoffe. Roh enthält er allerdings viel Oxalsäure, daher solltest du ihn so nur in Maßen genießen. Falls du unter Eisenmangel oder einem empfindlichen Magen leidest, lieber kochen.

Tipps

Falls du dich nicht entscheiden kannst, welche Mangoldfarbe dir am besten gefällt: Es gibt auch herrlich bunte Samenmischungen.

Nicht vergessen: nach dem Keimen nur den kräftigsten Keimling pro Samenkorn weiterwachsen lassen und die anderen entfernen!

In warmen Sommern beginnt oft sehr schnell der Austrieb von Blüten, also unbedingt vorher ernten oder die Pflanze an einen schattigeren Standort stellen.

Falls der Mangold bereits Blüten zeigt, schneide den Haupttrieb zehn Zentimeter über dem Boden ab. Mit etwas Glück bildet die Pflanze neue Seitentriebe aus, sobald es kühler wird. Oder du lässt die Pflanze blühen, sammelst die Samen ein und bist bereit für eine neue Runde.

GEFÄSSEMPFEHLUNG
1 Mangoldpflanze je 10-12-l-Topf

SONNENEINSTRAHLUNG
Sonne, Halbschatten oder lichter Schatten

AUSSAAT IM HAUS
- 4 Wochen vor dem letzten zu erwartenden Frost im Frühjahr
- 10 Wochen vor dem ersten zu erwartenden Frost im Herbst/Winter

AUSSAAT BIS ERNTE
2–3 Monate

ANBAUART
zweijährig (Blüte im 2. Jahr)

WASSERBEDARF

PFLEGEBEDARF

PLATZBEDARF
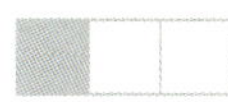

KURZER VEGETATIONSZYKLUS (ABER MIT BLÜHPHASE)

ERBSEN

für Prinzessinnen ... und alle anderen auch

Wer Erbsen anbaut, verwandelt seinen Balkon im Frühjahr in einen grünen Dschungel voller herrlicher Blüten. Erbsen sind Kletterpflanzen, die üppig in die Höhe und Breite wachsen und alles mit Grün überziehen. Berücksichtige also unbedingt den vertikalen Raum, den sie benötigen. Um eine ordentliche Menge Erbsen zu ernten, brauchst du einen großen Blumenkasten mit Rankhilfe. Diese ist wichtig, denn so massiv die Pflanze wirkt, so anfällig ist sie bei starkem Wind. Finde also eine Stelle, an der die Pflanze gestützt werden kann: an einem Spalier an der Wand, am Balkongeländer oder an einer Brüstung.

AUSSAAT Es gibt zwei Optionen: mit vorgezogenen Setzlingen oder ohne. Willst du Setzlinge vorziehen, säe im Haus sechs Wochen vor dem letzten zu erwartenden Spätfrost aus. Am besten ziehst du die Setzlinge einzeln in Töpfen, da sie schnell ein dichtes Wurzelsystem entwickeln und du mit Einzelanzuchttöpfen beim Umsetzen viel Zeit sparst. Die Setzlinge ragen oft hoch auf, dennoch sind ihre Stängel empfindlich. Stelle sie daher an eine Wand, an die sie sich anlehnen können. Oder du säst die Samen nach dem letzten Frost gleich direkt ins Freie in das endgültige Pflanzgefäß.

WACHSTUM Das Umpflanzen der Setzlinge oder die Aussaat im Freien darf erst nach dem letzten zu erwartenden Frühjahrsfrost erfolgen. Die Pflänzchen sind empfindlich und vertragen nicht mal leichten Frost. In einen Zwölf-Liter-Topf passen fünf bis sechs Samen, in einen 15-Liter-Blumenkasten sieben bis acht Samen. Stelle die Gefäße auf den Boden, damit die Pflanzen vertikal nach oben wachsen können, und stütze sie mit der Rankhilfe. Eine schöne Möglichkeit sind Pflanzkästen mit Rankgerüst oder Ranknetzen. Die Kletterhilfen bieten die ideale Stütze und schützen vor Wind. In ein breites Gefäß mit circa 40 Liter kannst du etwa 16 Samen bzw. Pflanzen setzen. Erbsen brauchen nicht unbedingt volle Sonne, sie wachsen auch im Halbschatten oder lichten Schatten gut.

Tipps

Wenn dir eine spezielle Rankhilfe zu teuer ist, sei kreativ! Spanne Schnüre, baue ein Spalier, integriere das Balkongeländer oder verwende ein Netz.

Meine Lieblingssorte ist die alte, samenfeste Kapuzinererbse 'Blauwschokker', sie bringt hübsche Blüten hervor. Auch die dunkelviolette Farbe der Hülsen ist beeindruckend.

Erbsen mögen kühles Wetter. Je nachdem, wo du wohnst, kannst du zweimal im Jahr säen: im Frühling und im Spätsommer.

Verwende anfangs einen Dünger mit hohem Stickstoff- und Kaliumgehalt, um das Wachstum von Stängeln und Blättern zu fördern. Sobald sich dann aber die ersten Blüten zeigen, wechselst du zu einem Dünger mit hohem Phosphorgehalt. So können sich die Blüten gut entwickeln und leckere Erbsen hervorbringen.

ERNTE Schon bald entwickeln sich aus den hübschen Blüten die ersten Hülsen, meist nach drei Wochen. Ernte nur die Schoten, die dick und kräftig aussehen – sie wirken wie aufgebläht, da sie oft bis zu zehn Erbsen enthalten. Sie schmecken auch roh als Gartensnack. Ernte am besten zwei- bis dreimal die Woche, das fördert den Wuchs neuer Blüten, sprich: mehr Erbsen! Sind keine neuen Blüten mehr zu sehen und alle Hülsen geerntet, ist es Zeit, die Pflanze zu entfernen. Sei nicht traurig – im Spätsommer kannst du noch einmal Erbsen säen. Schneide die Pflanzen am Boden ab, aber lass die Wurzeln in der Erde. Sie sind der perfekte Stickstoffdünger für die nächste Runde Erbsen an dieser Stelle.

GEFÄSSEMPFEHLUNG
- 5–6 Erbsenpflanzen je 12-l-Topf
- 7–8 Erbsenpflanzen je 15-l-Blumenkasten
- 16 Erbsenpflanzen je Anzuchttisch oder Pflanzwand-Kasten (Veggie Wall, 37 l)

SONNENEINSTRAHLUNG
Sonne, Halbschatten oder lichter Schatten

AUSSAAT IM HAUS
- 6 Wochen vor dem letzten zu erwartenden Frost im Frühjahr
- 12 Wochen vor dem ersten zu erwartenden Frost im Herbst/Winter

AUSSAAT BIS ERNTE
2–3 Monate

ANBAUART
einjährig

WASSERBEDARF

PFLEGEBEDARF

PLATZBEDARF

KURZER VEGETATIONSZYKLUS

KARTOFFELN

frisch aus eigenem Anbau

Als Franzose, der in Deutschland lebt, erkenne ich die Liebe zu Kartoffeln in meiner neuen Heimat voll und ganz an. Mir schmeckt dieses Gemüse wirklich gut, und ich bin so froh, dass es sich problemlos in Töpfen anbauen lässt. Kartoffeln erfordern keinen großen Pflegeaufwand, man sollte nur ein paar einfache Grundlagen beherzigen. Mein wichtigster Rat: Wähle Sorten mit kurzer Reifezeit.

AUSSAAT Von „Saatkartoffeln" zu sprechen ist irreführend, denn es sind ja keine Samen, sondern die Kartoffeln selbst, die wir in die Erde legen, damit sich die Pflanze vegetativ vermehrt. Doch wie diese zur Vermehrung geeigneten Knollen gewinnen? Es gibt zwei Möglichkeiten: Entweder du kaufst Saat- bzw. Pflanzkartoffeln, die speziell dafür vorgesehen sind, oder du gewinnst deine eigenen aus Biokartoffeln, die nicht mit keimhemmenden Mitteln behandelt wurden. Schau sie dir genau an: Anhand der „Augen" – kleine dunklere Kreise – erkennst du, wo Keime austreiben werden. Lege die Kartoffeln in einen Eierkarton oder eine Holzkiste und stelle sie bei 10 bis 15 °C in einen hellen Raum. In circa vier Wochen keimen sie. Danach solltest du sie immer so hinlegen, dass die Keime nach oben zeigen.

WACHSTUM Sobald die Kartoffeln gekeimt haben, setzt du sie nach dem letzten Frühjahrsfrost in Töpfe – das können normale Blumentöpfe sein, aber auch Pflanzsäcke. Die Erde muss locker sein, das ist wichtig. Je stärker die Erde verdichtet ist, umso kleiner bleiben die Kartoffeln, da sie Raum in weichem Substrat benötigen, um sich auszubreiten. Je größer das Gefäß, umso mehr Kartoffeln kannst du ziehen. Fülle das Gefäß zu zwei Dritteln mit Erde und platziere dann die vorgekeimte Setzkartoffel mit den Keimen nach oben. Fülle das restliche Drittel mit Erde auf. Drück die Erde nicht zu fest an und gieße vorsichtig.

Die Erde muss eine Mindesttemperatur von 10 °C haben, wenn die Kartoffeln gesund wachsen sollen. Stell die Töpfe an einen sonnigen Platz auf dem Balkon, je mehr Sonne, umso besser. Von nun an die Erde immer feucht halten, aber nicht permanent durchnässen. Willst du wissen, ob du wieder gießen musst, stecke einen Finger zur Hälfte in den Boden. Bleibt die Fingerspitze trocken, wird es Zeit.

Ein toller natürlicher Dünger, den Kartoffeln mögen, ist Kaffeesatz. Er enthält alle Grundnährstoffe und reichert den Boden an. Außerdem sorgt er für etwas mehr Säure in der Erde – Kartoffeln wachsen in leicht saurem Boden besser. Gib den Kaffeesatz auf die Topfoberfläche und gieße dann. Zu Anfang kannst du einen Dünger mit höherem Stickstoff- und Kaliumgehalt geben – bald sprießen aus den Pflanzkartoffeln grün belaubte Pflanzen. Sobald sich diese grünen Pflanzenteile nach vier Wochen gut entwickelt haben, wechselst du zu einem Dünger mit höherem Phosphor- und Kaliumgehalt.

ERNTE Im Gegensatz zu anderen Pflanzen ist bei Kartoffeln der richtige Zeitpunkt für die Ernte ganz einfach zu bestimmen. Du erkennst ihn daran, dass Blätter und Stängel allmählich nicht mehr saftig aussehen, sondern gelb oder braun werden – jetzt also wird es Zeit zu ernten. Es gibt auch spezielle doppelwandige Kartoffeltöpfe, bei denen sich ganz leicht nachsehen lässt, wie es um die Größe der Kartoffeln in der Erde bestellt ist. Um zu ernten, stelle den Topf vorsichtig kopfüber in eine große Einkaufstüte oder dergleichen. Durchwühle die Erde mit den Händen und hole die Kartoffeln heraus. Anschließend solltest du sie zwei Wochen an einem dunklen Ort lagern, ehe du sie isst, so verbessert sich die Konsistenz. Die Kartoffeln werden weicher und aromatischer.

Tipps

Textile Pflanzsäcke oder sogar große Einkaufstaschen sind ideal für den Anbau von Kartoffeln, da hier der Boden besser belüftet und weniger verdichtet wird.

Sobald die grünen oberirdisch liegenden Teile der Kartoffelpflanze gut entwickelt sind, sorgt ein phosphor- und kaliumreicher Dünger dafür, dass nun auch die Pflanzenteile im Boden, sprich die Kartoffelknollen, schön wachsen.

Um eine gute Ernte zu erzielen, brauchen Kartoffelpflanzen Platz. Zwei Pflanzkartoffeln je 12 Liter Erde ist ein guter Richtwert.

GEFÄSSEMPFEHLUNG
2 Setzkartoffeln je 12-l-Topf

SONNENEINSTRAHLUNG
Sonne oder Halbschatten

VORKEIMEN
4 Wochen vor dem letzten zu erwartenden Frost im Frühjahr

VORKEIMEN BIS ERNTE
3–4 Monate

ANBAUART
einjährig

WASSERBEDARF

PFLEGEBEDARF

PLATZBEDARF

SPINAT

grün und gesund

Spinat auf dem Balkon zu haben ist großartig, du erinnerst dich bestimmt an Popeye, der mit Vorliebe Spinat aus der Dose aß, um viel Eisen und damit vor allem Kraft zu tanken? Das ist zwar eine Fiktion und entspringt, wie so vieles, wohl eher einer Marketingidee aus den USA, um für Konserven insgesamt zu werben, nicht nur für Spinat. Dennoch enthält Spinat in der Tat Eisen – wenn auch nicht in der übertriebenen Menge, wie uns Popeye weismachen will –, daneben aber auch viele weitere Mineralien wie Magnesium, Kalzium und viel Vitamin C. Anstatt aus der Dose holst du deinen Spinat vom Balkon, dort gedeiht er prächtig und kann sogar zweimal im Jahr gezogen werden: im zeitigen Frühjahr und im Spätsommer.

AUSSAAT Spinat wächst sehr gut bei kühlen Temperaturen, du kannst also bereits acht bis zehn Wochen vor dem letzten zu erwartenden Frühjahrsfrost mit der Aussaat beginnen oder auch im Spätsommer, um im Herbst oder Winter zu ernten. Die Samen sind einen Zentimeter tief einzubringen, sie brauchen fünf bis zehn Tage zum Keimen. Wenn zwei kräftige Blättchen gewachsen sind, dürfen sie ins Freie umziehen.

Tipps

Es gibt viele Spinatsorten, unbedingt zu empfehlen ist meiner Meinung nach jedoch 'Winter Giant', mitunter auch als 'Winterriesen' im Handel. Diese Sorte bringt sehr große, wunderschöne Blätter hervor und ist winterhart.

Sobald die Pflanze mehrere Blätter ausgebildet hat, erntest du regelmäßig einzelne Blätter. Das stimuliert die Pflanze zum Austrieb weiterer Blätter.

Gekocht verliert Spinat sehr viel an Volumen. Wenn du ein großer Spinatesser bist, musst du viel anbauen, um einigermaßen anständige Portionen zu bekommen.

Nicht vergessen: Spinat gedeiht besonders bei kühleren Temperaturen, also schon zeitig im Frühjahr oder – für eine Spätherbsternte – spät im Sommer pflanzen.

WACHSTUM Für das Umsetzen der vorgezogenen Setzlinge ins Freie musst du nicht einmal den letzten Spätfrost abwarten, denn Spinat hält bis zu -5 °C aus. Kühles Wetter verträgt er gut, dennoch kann eine Pflanzenschutzhaube nicht schaden. Sie schützt außerdem vor Nacktschnecken, die sich sonst bestimmt noch vor dir an diesem leckeren Gemüse vergreifen. Halte einen Abstand zwischen den Setzlingen von mindestens zehn Zentimetern ein. Besondere Pflege ist nicht erforderlich, lediglich regelmäßiges Gießen, damit die Erde nicht austrocknet. Düngen kannst du mit hohem Stickstoff- und Kaliumgehalt, damit sich die Stängel und die grünen Blätter schön entwickeln.

ERNTE Von der Aussaat bis zur Ernte dauert es zwei bis drei Monate. Wenn du blattweise erntest, können neue Blätter nachwachsen. Ernte auf alle Fälle, noch ehe warmes Sommerwetter einsetzt, sonst kommt es rasch zur Blüte. Es sei denn, du willst eigenen Spinatsamen gewinnen, dann lass eine Pflanze stehen und Blüten ausbilden. Ernte die restlichen Pflanzen ab und gönne dir eine nährstoffreiche Mahlzeit aus eigenem Anbau.

GEFÄSSEMPFEHLUNG
- 6 Spinatpflanzen je 12-l-Topf
- 6 Spinatpflanzen je Blumenkasten
- 12 Spinatpflanzen je Anzuchttisch

SONNENEINSTRAHLUNG
Sonne oder Halbschatten

AUSSAAT IM HAUS
- 8–10 Wochen vor dem letzten zu erwartenden Frost im Frühjahr
- 12 Wochen vor dem ersten zu erwartenden Frost im Herbst/Winter

AUSSAAT BIS ERNTE
2–3 Monate

ANBAUART
einjährig

WASSERBEDARF 

PFLEGEBEDARF 

PLATZBEDARF 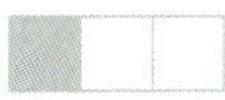

KURZER VEGETATIONSZYKLUS

PAK CHOI

nahrhaft und aromatisch

Pak Choi hat man gern auf dem Balkon, gilt diese asiatische Kohlart doch sogar als Superfood. Die Blätter sind äußerst gesund, sie enthalten unter anderem reichlich Vitamin C, K1, A und Betacarotin. Das Gemüse lässt sich einfach anbauen und verträgt überdies leichten Frost. Mithilfe von Schutzhauben ist es mir sogar schon gelungen, Pak Choi über den gesamten Winter zu bringen. Normalerweise lässt er sich vom Frühjahr bis zum Einsetzen des Winters ziehen, im warmen Sommer neigt er allerdings schnell zur Blüte.

AUSSAAT Beginne für Pak Choi sechs Wochen vor dem letzten zu erwartenden Frühjahrsfrost oder zehn Wochen vor dem ersten erwartbaren Herbst- bzw. Winterfrost mit dem Vorziehen der Setzlinge. Im Hochsommer ist es zu warm, da schießen die Pflanzen schnell durch. Die Pak-Choi-Samen sind einen Zentimeter tief möglichst einzeln in Anzuchttöpfchen zu säen und brauchen im Durchschnitt sieben Tage, bis sie keimen. Sobald sich die ersten Blättchen entwickelt haben, ist es Zeit zum Umsetzen ins Freie.

WACHSTUM Pak Choi ist wirklich sehr einfach anzubauen, egal ob in Töpfen, Blumenkästen oder im Anzuchttisch. Pflanze die Setzlinge nach dem letzten Frühjahrsfrost im Abstand von 15 Zentimetern aus. Achtung, aufpassen, Schneckenalarm – die schleimigen Gesellen lieben die Blätter dieses Kohls! Besondere Pflege ist nicht erforderlich, außer natürlich regelmäßig zu gießen, damit die Erde nicht austrocknet. Verwende einen Dünger mit hohem Stickstoff- und Kaliumgehalt, damit sich die Stängel und die köstlichen grünen Blätter schön entwickeln.

ERNTE Von der Aussaat bis zur Ernte dauert es in der Regel zwei bis drei Monate. Wie Spinat lässt sich auch Pak Choi blattweise ernten, was die Pflanze zur Bildung neuer Blätter anregt. Pak Choi bevorzugt genau

Tipps

Ich empfehle die Sorte 'Xianggang Heiye-baicai', die sich für das zeitige Frühjahr genauso eignet wie für den Spätsommer. Sie ist nicht ganz leicht zu bekommen, aber die Blätter sind köstlich und lassen sich sogar noch im Dezember ernten.

Die Sorte 'Tai Sai' ist perfekt auf die Ernte im Herbst abgestimmt, sie bringt Blätter mit kräftigen weißen Stielen hervor, die ganz besonders schmackhaft sind.

Obacht, immer die Erde schön feucht halten, um eine frühzeitige Blüte zu vermeiden. Mulchen hilft sehr gut, die Feuchtigkeit im Boden zu bewahren.

wie Spinat kühles Wetter und sollte noch vor der Sommerhitze geerntet werden, andernfalls schießt er durch und beginnt zu blühen. Kleine, junge Blätter kannst du roh im Salat essen. Gekocht oder gedünstet ist er beliebt in asiatischen Gerichten. Du kannst natürlich auch die Stängel essen.

GEFÄSSEMPFEHLUNG

- 1 Pak-Choi-Pflanzen je 4-l-Topf
- 2 Pak-Choi-Pflanzen je 10-l-Blumenkasten
- 8 Pak-Choi-Pflanzen je Anzuchttisch

SONNENEINSTRAHLUNG

Sonne oder Halbschatten

AUSSAAT IM HAUS

- 6 Wochen vor dem letzten zu erwartenden Frost im Frühjahr
- 10 Wochen vor dem ersten zu erwartenden Frost im Herbst/Winter

AUSSAAT BIS ERNTE

2–3 Monate

ANBAUART

einjährig

WASSERBEDARF

PFLEGEBEDARF

PLATZBEDARF

KURZER VEGETATIONSZYKLUS

SPEISERÜBEN

genial saisonal

Speiserüben waren für mich eine echte Entdeckung! Bevor ich mit dem Gärtnern anfing, hatte ich noch nie welche gegessen, aber nun habe ich meine Meinung gründlich revidiert und finde sie sogar ausgesprochen schmackhaft. Ob roh als Carpaccio, in der Pfanne gebraten oder im Ofen überbacken – als Gemüse sind die Speiserüben erstaunlich vielseitig und wohlschmeckend. Und gesund sind sie obendrein, denn sie haben nur wenige Kalorien, aber sehr viele Nährstoffe. Man unterscheidet Mairüben und Herbstrüben. Erstere werden im Frühjahr angebaut und im Mai geerntet, die Herbstrüben hingegen erst später im Jahr. Ich betrachte sie in erster Linie als Herbst- und Wintergemüse. Allerdings gibt es einige Sorten, die fast schon über das ganze Jahr hinweg angebaut werden können.

AUSSAAT Du kannst vier Wochen vor dem letzten zu erwartenden Frühjahrsfrost oder zwölf Wochen vor dem ersten erwartbaren Herbstfrost mit der Aussaat beginnen, je nachdem wann du ernten möchtest. Setze die Samen einzeln in Anzuchttöpfchen ein, jeweils einen Zentimeter tief. Nach vier bis zehn Tagen keimen die Samen, und sobald je Pflanze drei oder vier Blättchen gewachsen sind, ist es Zeit, sie ins Freie umzusetzen.

WACHSTUM Pflanze die vorgezogenen Setzlinge entweder nach dem letzten Frühjahrsfrost aus oder auch im Spätsommer, wenn du im Herbst ernten möchtest. Ein paar Minusgrade machen Rüben nichts aus, du kannst sie also auch noch später im Herbst ins Freie setzen, sofern du sie mit einer Pflanzhaube schützt. Ich empfehle den Anbau in großen Blumenkästen oder im Anzuchttisch. Die Rüben brauchen Platz zum Wachsen, sie werden erheblich größer als Radieschen. Zwischen den Pflanzen sollte ein Abstand von mindestens 20 Zentimetern sein. Besondere Pflege ist nicht erforderlich, lediglich regelmäßiges Gießen sorgt dafür, dass die Erde nicht austrocknet. Zu Beginn empfiehlt sich, mit höherem Stickstoff- und Kaliumgehalt zu düngen und später auf hohen Phosphorgehalt zu wechseln, damit sich die Wurzeln gut entwickeln.

ERNTE Von der Aussaat bis zur Ernte dauert es im Durchschnitt zwei bis drei Monate. Nur Geduld! Rüben sind keine Radieschen, sie werden viel größer und brauchen entsprechend mehr Zeit zum Wachsen. Du musst dem Drang widerstehen, sie allzu früh ernten zu wollen. Der richtige Zeitpunkt hängt von der Sorte ab, die du anbaust, also zieh das Samentütchen zurate. Manche Sorten bilden eher dicke, kugelige Knollen aus, andere wiederum lang gestreckte, die tief in den Boden reichen und von der Form her an überdimensionierte Radieschen oder Rettiche erinnern.

Tipps

Wenn du im Frühjahr und Sommer ernten möchtest, empfehle ich die Sorte 'Purple Top Milan', sie hat eine wunderschöne lila bis rote Farbe.

Wenn du im Herbst oder Winter ernten möchtest, eignet sich die Sorte 'Marteau' sehr gut. Ihre Rüben sind weiß, wachsen länglich in die Tiefe und zeichnen sich durch einen intensiven Geschmack aus.

Schädlinge, die es besonders auf Rüben abgesehen haben, sind Kohlfliegen, deren Larven, sprich Maden, Löcher und Gänge in die Wurzeln fressen. Um das zu verhindern, sollte man die Pflanzen mit einem engmaschigen Gemüseschutznetz abdecken.

Probier mal Rüben-Carpaccio: frisch geerntete Rüben roh in sehr dünne Scheiben schneiden oder hobeln, etwas Salz, Pfeffer, Olivenöl und Ingwerpulver darüber – köstlich und erfrischend!

GEFÄSSEMPFEHLUNG

- 3 Rübenpflanzen je Blumenkasten
- 8 Rübenpflanzen je Anzuchttisch

SONNENEINSTRAHLUNG

Sonne oder Halbschatten

AUSSAAT IM HAUS

- 4 Wochen vor dem letzten zu erwartenden Frost im Frühjahr
- 12 Wochen vor dem ersten zu erwartenden Frost im Herbst/Winter

AUSSAAT BIS ERNTE

2–3 Monate

ANBAUART

einjährig

WASSERBEDARF

PFLEGEBEDARF

PLATZBEDARF

KURZER VEGETATIONSZYKLUS

KNOLLENFENCHEL

delikat und bekömmlich

Fenchel eignet sich vorzüglich für den Balkonanbau. Dass die Pflanze ein großes, knackiges Knollenherz ausbildet und daran ausladende, zart beblätterte Arme herumtentakeln, fasziniert mich immer wieder. Mich begeistert aber auch, dass man die gesamte Pflanze essen kann: Neben der Fenchelknolle, die ja eigentlich eine Zwiebel ist und als Gemüse dient, ist das feinfiedrige Laub als Küchenkraut nutzbar. Es verleiht Speisen einen delikaten Anisgeschmack.

AUSSAAT Bei kühlem Wetter wächst Fenchel besser, bei zu hohen Temperaturen beginnt er schnell zu blühen. Je nach örtlichem Klima hast du zwei Möglichkeiten: Lebst du in einer Gegend mit nicht allzu heißem Sommer, beginnst du vier bis sechs Wochen vor dem letzten zu erwartenden Frühjahrsfrost mit der Aussaat. Bei kühlen Temperaturen kommt es nicht zur Blüte. Lebst du dagegen in einer Gegend mit heißen Sommern, beginnst du etwa zehn Wochen vor dem letzten zu erwartenden Frühjahrsfrost oder zehn Wochen vor dem ersten erwartbaren Herbstfrost mit der Aussaat. Säe die Samen einen Zentimeter tief möglichst einzeln in Anzuchttöpfchen. Nach acht bis vierzehn Tagen keimen die Samen. Sobald die Pflänzchen einen kräftigen Stängel ausgebildet haben und die zarten Blättchen zu sprießen beginnen, ist es Zeit zum Umsetzen.

WACHSTUM Fenchel verträgt Frost. Selbst wenn die Pflanze in sich zusammenfällt, auf dem Boden liegt und wie abgestorben aussieht – sie erholt sich wieder. In einer Gegend mit kühlen Sommern pflanzt du die Setzlinge unmittelbar nach dem letzten Frühjahrsfrost ins Freie. In einer Gegend mit heißen Sommern pflanzt du sie bereits ein paar Wochen vor dem letzten Frühjahrsfrost aus, allerdings unter einer Schutzhaube. Oder du wartest und pflanzt den Fenchel erst im Spätsommer.
Fenchel wurzelt tief. Nur wenn er viel Platz nach unten hat, bilden sich schöne Knollen aus. Eine einzelne Pflanze benötigt also mindestens einen Zwölf-Liter-Topf. Wenn sich eine deutliche Fenchelknolle herausgebildet hat, kommt noch etwas Erde obenauf, sodass sie zumindest im unteren Bereich bedeckt ist. Das nennt man Anhäufeln. Es bewirkt, dass die Knolle schön weiß bleibt, weiterwächst, noch größer wird und dennoch zart bleibt. Du solltest mulchen und regelmäßig gießen, damit die Erde nicht austrocknet. Dünge während der gesamten Wachstumsphase alle zwei bis drei Wochen mit hohem Stickstoff- und Kaliumanteil.

ERNTE Zwischen Aussaat und Ernte vergehen zwei bis drei Monate. Zunächst kannst du dich an den Blättern bedienen und sie als Küchenkraut verwenden. Ist die Knolle voll ausgewachsen, erntest du diese und genießt

ein leckeres Festmahl. Du solltest die Knolle ernten, bevor es allzu warm wird, denn sonst kommt es zur Blüte. Falls du die Blüte zulässt, werden es dir die Bienen und anderen Bestäuber herzlich danken und sich mit Freude über die hübschen gelben Blüten hermachen.

Tipps

Fenchel gibt es in mehreren Varietäten: einerseits den Gewürzfenchel, der als Küchenkraut dient und dessen Samen als Gewürz und Tee genutzt werden, andererseits den Knollenfenchel, der als Gemüse verwendet wird. Du hast die Wahl!

Die Blätter sind essbar und lassen sich auch trocknen – sie bereichern so manches Gericht mit einer delikaten Anisnote.

Eines meiner heimlichen Balkonvergnügen ist, das Ende eines kleinen Fenchelarms abzuschneiden und hineinzubeißen. Unglaublich, wie intensiv und köstlich der Geschmack ist!

GEFÄSSEMPFEHLUNG
1 Fenchelpflanze je 12-l-Topf

SONNENEINSTRAHLUNG
Sonne oder Halbschatten

AUSSAAT IM HAUS
- 4 Wochen vor dem letzten zu erwartenden Frost im Frühjahr
- 10 Wochen vor dem ersten zu erwartenden Frost im Herbst / Winter

AUSSAAT BIS ERNTE
2–3 Monate

ANBAUART
einjährig oder zweijährig

WASSERBEDARF 

PFLEGEBEDARF 

PLATZBEDARF 

KURZER VEGETATIONSZYKLUS

BROKKOLI

opulent und nährend

Selbst angebauter Brokkoli ist frisch gedünstet der reinste Hochgenuss! Dieser Verwandte des Blumenkohls ist sehr gesund, enthält jede Menge Ballaststoffe, Eisen, Kalium, Vitamin C und Vitamin K. Es gibt viele interessante Sorten zu entdecken, von tiefgrünen bis violetten Spielarten. Und auch den majestätischen Romanesco, botanisch eine Variante des Blumenkohls, aber optisch und im Anbau dem Brokkoli sehr ähnlich, will ich nicht unerwähnt lassen. Ich säe Brokkoli im Spätsommer, um ihn im Winter zu ernten. Zieht man ihn im Frühjahr und Sommer, steht er meist allzu schnell in voller Blüte. Außerdem ist er unempfindlich gegenüber Frost, daher bietet es sich an, ihn in der kühleren Jahreszeit anzubauen.

AUSSAAT Brokkoli wird zehn bis zwölf Wochen vor dem ersten Herbstfrost ausgesät, möglichst in einzelne Anzuchttöpfchen und zwei Zentimeter tief. Innerhalb von vier bis sieben Tagen zeigen sich die Sämlinge. Sobald sie vier bis fünf kleine Blättchen aufweisen, ist es Zeit zum Auspflanzen.

WACHSTUM Jedem Setzling sollte ein 18-Liter-Topf zugestanden werden, denn Brokkoli braucht Platz zum Wachsen. Regelmäßiges Mulchen hilft, die Feuchtigkeit im Boden zu halten, denn das Gemüse braucht viel Wasser. Düngen solltest du während der Wachstumsphase alle zwei Wochen mit hohem Stickstoff- und Kaliumanteil, um die Pflanze zu kräftigen.

ERNTE Von der Aussaat bis zur Ernte dauert es je nach Sorte drei bis vier Monate. Um Brokkoli zu ernten, schneidest du einfach den Stamm der Pflanze kurz über der Stelle ab, an der er sich zu verzweigen beginnt. So kann die Pflanze, wenn der Hauptkopf geerntet ist, aus den Seitenknospen neue kleine Nebenköpfe ausbilden, sodass du bald weitere Mini-Brokkoliröschen ernten kannst. Lagere geernteten Brokkoli kühl und dunkel und iss ihn am besten innerhalb von drei bis vier Tagen.

Ernte immer, bevor warmes Wetter einsetzt, sonst steht der Brokkoli rasch in voller Blüte! Wenn dir die Köpfe zu klein sind und du meinst, die Ernte lohne sich nicht, dann überlasse sie den Bestäubern. Außerdem bildet auch Brokkoli nach der Blüte Samen aus, und das wiederum lockt Blattläuse an, die auf die Pflanze in diesem Stadium voll abfahren. Ich verwende im Sommer gern eine einzelne Brokkolipflanze als Blattlausfalle, das funktioniert bestens.

Irgendwann werden aus den Blüten Schoten mit Samen darin, ähnlich wie bei Erbsen. Sind die Schoten braun, kannst du sie einsammeln, trocknen und irgendwann neu aussäen. Das Trocknen dauert aber recht lange, und die Samengewinnung von Brokkoli ist mehr was für Fortgeschrittene.

Tipps

Lies die Details auf den Samentütchen, bevor du dich für eine Sorte entscheidest – die meisten brauchen drei bis vier Monate oder weniger, bis sie erntereif sind, aber es gibt auch welche, die bis zu einem Jahr benötigen und eher für den Anbau im Garten gedacht sind.

'De Cicco' oder 'Waltham' sind schnell rei fende, alte und samenfeste Sorten, die sich gut für den Anbau im Topf eignen.

Mein Rat: Lass eine Brokkolipflanze im Sommer wachsen – ihre Blüten sind hübsch anzusehen und locken, sobald die Entwicklung der Samen einsetzt, Blattläuse an und somit von deinen anderen Pflanzen fort. Gieße regelmäßig, damit die Pflanze trotzdem gesund bleibt.

Die Röschen des Brokkolis kann man in kleinen Mengen übrigens auch roh essen. Probier es mal aus!

GEFÄSSEMPFEHLUNG
1 Brokkolipflanze je 18-l-Topf

SONNENEINSTRAHLUNG
Sonne oder Halbschatten

AUSSAAT IM HAUS
10-12 Wochen vor dem ersten zu erwartenden Frost im Herbst / Winter

AUSSAAT BIS ERNTE
3–4 Monate

ANBAUART
einjährig oder zweijährig

WASSERBEDARF

PFLEGEBEDARF

PLATZBEDARF

KURZER VEGETATIONSZYKLUS

KÜCHENKRÄUTER

letzter Pfiff für deine Speisen

Frische Küchenkräuter aus dem Balkongarten? Das ist nicht schwer, denn über die Jahreszeiten hinweg lassen sich verschiedenste Arten anbauen. Einige sind einjährig, andere mehrjährig bzw. ausdauernd – sie treiben jedes Jahr neu aus.

AUSSAAT Die Samen der meisten Kräuter sind relativ klein und werden einen Zentimeter tief einzeln in Anzuchttöpfchen gesät bzw. sind Lichtkeimer (siehe Seite 91). Viele brauchen zum Keimen Temperaturen um die 20 °C – besonders Basilikum, Oregano, Petersilie, Rosmarin, Thymian und Zitronenmelisse. Manche können im Haus vorgezogen werden, andere sollte man im Freien aussäen. Einzelheiten zeigt die Tabelle.

WACHSTUM Wenn die Keimlinge kleine Blättchen zeigen, können sie ins Freie umgesetzt werden, sofern nicht mehr mit Frühjahrsfrost zu rechnen ist. Küchenkräutern genügt meist ein kleiner Topf – beispielsweise ein 4-Liter-Topf pro Setzling. Ich baue sie lieber in einzelnen Töpfen statt in Blumenkästen an. Manche Kräuter wie Minze oder Zitronenmelisse neigen zum Wuchern und nehmen dann sehr viel Platz ein. Da hier nur die Blätter, also grüne Pflanzenteile geerntet werden, genügt es, einmal im Monat mit hohem Stickstoff- und Kaliumanteil zu düngen. Die Pflege erfordert kaum Aufwand. Lediglich Schädlinge wie Blattläuse könnten das frische Grün für sich entdecken, daher solltest du sie gut beobachten und bei Befall so früh wie möglich einschreiten.

ERNTE Um die leckeren Blätter zu ernten, schneidest du je nach Bedarf mit der Schere einen ganzen Stängel oder einzelne Blättchen ab. Wenn du die Pflanzen vermehren willst, wirf einen Blick in den Abschnitt „Stecklinge selbst ziehen“ (Seite 184), es ist einfach und lohnt sich.

Tipps

Küchenkräuter wachsen gut in kleinen Töpfen – lass deiner Kreativität freien Lauf und richte dir auf dem Balkon oder Fensterbrett eine hübsche Kräuterecke ein.

Viele Küchenkräuter lassen sich durch Stecklinge vermehren, siehe den entsprechenden Abschnitt am Ende dieses Kapitels (Seite 184). Hast du diese Technik gemeistert, brauchst du Kräuter nie mehr im Laden zu kaufen.

Küchenkräuter wie Minze, Oregano, Petersilie, Rosmarin, Thymian und Zitronenmelisse überstehen sogar kalte Temperaturen im Winter, wenn du sie mit einem Schutzvlies abdeckst.

Basilikum lässt sich selbst in kleineren Töpfen gut anbauen.

KÜCHENKRAUT	AUSSAATBEGINN	SONNE	ANBAUART
Basilikum	Im Haus 6 Wochen vor dem letzten zu erwartenden Frost im Frühjahr	Sonne	draußen einjährig, nicht winterhart
Dill	Im Freien nach dem letzten Frühjahrsfrost	Sonne bis Halbschatten	einjährig
Koriander	Im Freien nach dem letzten Frühjahrsfrost	Halbschatten	einjährig
Minze	Im Freien nach dem letzten Frühjahrsfrost	Sonne bis Halbschatten	ausdauernd, winterhart
Oregano	Im Freien nach dem letzten Frühjahrsfrost	Sonne bis Halbschatten	ausdauernd, winterhart
Petersilie	Im Haus 6 Wochen vor dem letzten zu erwartenden Frost im Frühjahr	Sonne, Halbschatten, lichter Schatten	zweijährig
Rosmarin	Im Freien nach dem letzten Frühjahrsfrost	Sonne bis Halbschatten	ausdauernd, mit Schutz winterhart
Schnittlauch	Im Haus 6 Wochen vor dem letzten zu erwartenden Frost im Frühjahr	Sonne bis Halbschatten	ausdauernd, winterhart
Thymian	Im Haus 6 Wochen vor dem letzten zu erwartenden Frost im Frühjahr	Sonne, Halbschatten, lichter Schatten	ausdauernd, meist winterhart
Zitronenmelisse	Im Haus 6 Wochen vor dem letzten zu erwartenden Frost im Frühjahr	Sonne, Halbschatten, lichter Schatten	ausdauernd, winterhart

Kleiner Exkurs

SELBST GEZOGENE TOMATEN

Wer träumt nicht von frischen Tomaten, köstlich duftend und aromatisch im Geschmack? Glaub mir, deine selbst angebauten Biotomaten werden gegenüber denen aus dem Supermarkt viel, viel besser schmecken, einfach unvergleichlich! Du wirst den Geschmack dieses Gemüses völlig neu entdecken und durch den Anbau verschiedener Sorten auch noch viele weitere neue Geschmacksnuancen wahrnehmen. Es gibt unzählige alte, samenfeste Sorten, die nur darauf warten, dass du sie ausprobierst!

Ich unterscheide zwischen dem Anbau von Minitomaten und dem von normal großen bis sehr großen Tomaten. Im Grunde ist die Methode dieselbe, der Unterschied besteht aber in der Größe des endgültigen Pflanzgefäßes, da mittlere und sehr große Tomaten nach größeren Töpfen verlangen als die kleinen Kirsch-, Cocktail- und Naschtomaten.

Tomaten auf dem Balkon anzubauen ist ein fantastisches Abenteuer, bei dem du eine besondere Beziehung zu ihnen entwickeln wirst. Es dauert zwar ganz schön lange bis zur Ernte, ist aber so bereichernd, dass dir die Zeit, die du aufwendest, nicht leid tun wird. Denn schließlich ist Zeit, die man mit und in der Natur verbringt, ja nie vertan, oder?

Wer Tomaten bis zur Ernte bringen will, muss sie unbedingt vor Regen schützen. Wasser auf den Blättern können sie gar nicht vertragen, da dies zu Krankheiten wie Mehltau oder Kraut- und Braunfäule führt. Sie schwächen die Pflanze oder lassen sie sogar absterben. Also musst du eine Stelle auf dem Balkon finden, die vor Regen geschützt ist und gleichzeitig sehr viel Sonne abbekommt. Solltest du nur ein kleines sonniges und überdachtes Plätzchen haben, reserviere es unbedingt für deine Tomaten.

Determinierte oder indeterminierte Sorten anbauen?

Ehe du mit der Aussaat beginnst, musst du dich entscheiden, welche Sorten für dich infrage kommen. Lies auf dem Samentütchen nach, ob es sich um eine begrenzt oder unbegrenzt wachsende Sorte handelt.

- **Begrenzt wachsende (determinierte) Tomatensorten** erreichen eine bestimmte Höhe (normalerweise 1,50 Meter), liefern in der Regel viele Tomaten auf einmal, dann aber keine mehr, weil sie das Triebwachstum und damit die Blütenbildung einstellen.
- **Unbegrenzt wachsende (indeterminierte) Tomatensorten** können über zwei Meter hoch werden, liefern weniger Tomaten zur selben Zeit, dafür aber kontinuierlich über einen längeren Zeitraum. Sie wachsen immer weiter und überleben oft sogar bis zum ersten Frost im Spätherbst bzw. Winter.

Wir stehen also vor der Qual der Wahl: Welche Sorte soll ich anbauen? Die Entscheidung liegt bei dir und hängt auch vom Platz ab, der zur Verfügung steht. Sind sowohl dein vertikaler Raum bis zur Überdachung als auch die Bodenfläche begrenzt, nimm determinierte Sorten. Sie brauchen weniger Platz, und du kannst verschiedene Tomatensorten oder noch andere Gemüse anbauen.
Sollte mehr Raum vorhanden sein, wirst du sicherlich mit indeterminierten Sorten glücklich, musst dich aber auf einen wild durcheinanderwachsenden, üppigen Tomaten-Dschungel einstellen. Ein einfacher Bambusstab reicht dann nicht mehr aus zum Anbinden, da der Stamm oft weitaus kräftiger wird als ein dicker Bambusstab. Hier empfiehlt es sich, die Pflanzen von oben zu stützen und mit Schnüren an Decke oder Dach zu befestigen.

AUSSAAT Besonders auf die Aussaat und die Anzucht ist bei Tomaten größtes Augenmerk zu legen, um ihnen einen guten Start ins Leben zu gewähren. Beginne sechs bis acht Wochen vor dem letzten zu erwartenden Frühjahrsfrost mit der Aussaat. Die Setzlinge werden in zwei Phasen vorgezogen, die deutlich voneinander abgegrenzt sind:

- **Phase 1:** Die Samen werden einen Zentimeter tief in einzelne Anzuchttöpfchen gesät. Idealerweise sollte die Raumtemperatur über 20 °C betragen. Wie immer nach der Aussaat ist regelmäßig und maßvoll zu gießen, die Erde darf keinesfalls austrocknen, aber auch nicht völlig durchnässt sein. In der Regel keimen Tomaten nach maximal zehn bis zwölf Tagen. Stell sie ans Fenster, dort bekommen sie reichlich Tageslicht ab, oder besser noch unter eine Anzuchtlampe. Je mehr Licht sie erhalten, umso besser

entwickeln sich die Sämlinge. Sobald sie einen Hauptstängel und mehrere Blättchen gebildet haben, folgt der nächste Schritt.

- **Phase 2:** Nun werden die Sämlinge in größere Einzeltöpfe umgesetzt, um ihnen mehr Erde, neue Nährstoffe und Platz zum Wachsen zu gönnen. Anstelle von Blumentöpfen kannst du auch andere Gefäße zweitverwerten, etwa halbierte Plastikflaschen. Vergiss aber nicht, Wasserabzugslöcher hineinzubohren! Hier wächst die Pflanze nun, bis sie 20 bis 30 Zentimeter groß ist. Hast du das Gefühl, dass der Stängel zu schwach ist, dann stecke einen Stab in die Erde und binde das Pflänzchen an. Etwa zwei Wochen nach dem letzten Frost wird es Zeit, die Jungpflanzen abzuhärten und allmählich ans Leben draußen zu gewöhnen – wo sie Temperaturschwankungen, Wind und Sonne ausgesetzt sind. Stelle sie zunächst täglich nur ein bis zwei Stunden ins Freie, dann immer länger, mit Abdeckung in milden Nächten sogar über Nacht. Wir Menschen bekommen, wenn unsere Haut nach dem Winter nicht an Sonne gewöhnt ist, Sonnenbrand, stimmt's? Dasselbe gilt auch für Tomatenpflanzen, daher sollten sie anfangs hell, aber nicht in der prallen Sonne stehen. Dieses Abhärten solltest du bei allen drinnen ausgesäten Pflänzchen praktizieren.

WACHSTUM

- **Auspflanzen:** Ehe du deine Pflänzchen in ihren endgültigen Topf ins Freie setzt, musst du hundertprozentig sicher sein, dass kein Spätfrost mehr droht – eine einzige frostige Nacht ohne Schutz kann all deine bisherige Sorgfalt und Mühe zunichtemachen. Besser ist es, sich in Geduld zu üben, die Natur hat ihren eigenen Rhythmus, wir sollten ihn respektieren, uns ihm anpassen und nicht dagegen ankämpfen. Besteht keine Frostgefahr mehr und das Wetter ist mild und sonnig, dann kannst du die Tomaten an ihren endgültigen Standort umsetzen. Knipse die beiden unteren Blätter ab und pflanze den Stängel so tief ein, dass die ersten Blätter etwa fünf Zentimeter über dem Boden sind. Schütze die Pflänzchen anfangs mit Pflanzenhauben oder Vließ. Sei besonders beim Umtopfen äußerst vorsichtig – die Pflanze mag kräftig wirken, aber der Stängel ist sehr empfindlich und bricht leicht. Also am besten an einen Bambusstab anbinden! Und unbedingt beschriften: Ein Schildchen verrät dir später, welche Sorte hier wächst und so lecker schmeckt ...

- **Düngen und ausgeizen:** Nach zwei Wochen düngst du mit hohem Stickstoff- und Kaliumgehalt, damit Stamm und Blätter kräftig wachsen. Eine wichtige Pflegemaßnahme in diesem Stadium ist das Ausgeizen, also das Entfernen der Geiztriebe – das sind Seitentriebe, die als unnütz gelten, daher die abschätzige Bezeichnung. Sie wachsen aus den Blattachseln, also an der Schnittstelle zwischen Haupt- und Fruchttrieb. Aber warum entfernen? Weil besonders Stabtomaten sich senkrecht nach oben entwickeln sollen und diese ungewollten Seitentriebe, die später mehr Blattmasse,

Tipps

Bei begrenztem Raum oder niedrigem Dach solltest du determinierte Sorten bevorzugen.

Das Vorziehen der Setzlinge in zwei Phasen ist äußerst wichtig, um gesunde Tomatenpflanzen zu erhalten. Und sie brauchen Licht! Eine Anzuchtlampe verbessert Wachstum und Entwicklung erheblich.

Nicht vergessen: Tomatenpflanzen können Sonnenbrand bekommen, also erst nach und nach an die Welt da draußen gewöhnen.

Hab Geduld! Pflanze die Setzlinge erst ins Freie, wenn keine Frostgefahr mehr droht.

Tomatenpflanzen vor Regen schützen und niemals die Blätter mit Wasser benetzen, immer nur am Stamm gießen.

Nicht vergessen, jede Woche auszugeizen – die Pflanze wächst ja beständig weiter und bringt somit auch immer neue Geiztriebe hervor.

Das Abschneiden bestimmter Teile im unteren Bereich der Pflanze bewirkt, dass sie sich weiter oben besser entwickelt.

Rechts: Geiztriebe mit der Schere nah an der Blattachse abschneiden. Je mehr du ausgeizt, desto mehr Blüten, sprich Tomaten, werden wachsen.

Tipps

Regelmäßiges Gießen ist das A und O – besser alle zwei Tage wenig als alle vier Tage viel wässern.

Wenn rechtzeitig gemulcht wird, trocknet die Erde auch in der Hitze des Sommers nicht so schnell aus – das spart beim Gießen Wasser und Mühe.

Leider kann es vorkommen, dass sich Spinnmilben über die Tomatenpflanzen hermachen. Du erkennst diese äußerst lästigen Schädlinge an kleinen Gespinsten auf den Blättern. Unbedingt frühzeitig dagegen vorgehen: zwei Teelöffel Neemöl in einen Liter Wasser mischen und die Blätter damit besprühen!

Regelmäßiges Ernten regt die Pflanze zur Bildung neuer Tomaten an.

weniger Blüten und kleinere Früchte bilden – also mit den Erträgen „geizen“ würden –, der Pflanze Kraft und Nährstoffe entziehen und sie ausbremsen. Außerdem wollten wir doch Qualität über Quantität stellen, daher sollten wir mit diesen Seitentrieben tatsächlich beherzt „geizen“, um weniger, dafür aber größere, reifere und aromatischere Tomaten zu ernten. Die Maßnahme ist nicht weiter schwierig. Du schneidest ganz einfach die überflüssigen Triebe mit der Gartenschere ab oder knipst sie direkt mit den Fingern ab. Wenn die Pflanze ungefähr einen Meter hoch ist, kannst du die oberen Geiztriebe ruhig wachsen lassen.

BLÜHPHASE Bald kannst du beobachten, wie sich kleine gelbe Blüten bilden. Aus ihnen entwickeln sich leckere Tomaten.

- **Düngen:** Nun schwenkst du auf einen Dünger mit hohem Phosphor- und Kaliumanteil um. Er unterstützt die Blütenbildung und gibt der Pflanze die richtigen Nährstoffe, um erste Früchte hervorzubringen.
- **Schneiden:** Bei dieser weiteren wichtigen Pflegemaßnahme werden die unteren Blätter an den Trieben entfernt, also diejenigen unterhalb der ersten Tomatentraube. Die Pflanze braucht sie für Wachstum und Fruchtbildung nicht. Am unteren Ende des Stamms wirst du zwei bis vier Seitentriebe bemerken, die wohl keine Blüten und damit keine Tomaten hervorbringen werden, also schneide auch sie beherzt ab. Die Energie, die sie nun nicht mehr beanspruchen, kommt der Pflanze weiter oben zugute.

- **Blüten bestäuben:** Wenn sich Blüten zeigen, müssen sie unbedingt bestäubt werden. Entweder übernehmen das der Wind oder aber Hummeln. Willst du ganz sichergehen, dass eine Bestäubung erfolgt, kannst du das selbst in die Hand nehmen. Klopfe dazu mit dem Finger sachte gegen die Blüte oder nimm einen der Haupttriebe und schüttle ihn ganz vorsichtig. Auf diese Weise stellst du sicher, dass der männliche Pollen auf den weiblichen Stempel gelangt.

ERNTE Jetzt bist du bestimmt schon ungeduldig, weil du deine schönen Tomaten kosten möchtest, stimmt's? Um abzuschätzen, wann sie reif sind, gibt es zwei Hauptindikatoren. Einerseits die Farbe, wobei diese von der Sorte abhängt und rot, gelb oder violett sein kann. Manche Sorten bleiben aber auch grün. Andererseits die Festigkeit – wie fühlt sich die Tomate an, wenn du sie zwischen den Fingern hältst? Schon etwas weicher? Lies am besten noch einmal die Kriterien zum Reifegrad der jeweiligen Sorte auf dem Samentütchen nach. Ernte regelmäßig, damit die Pflanze ihre Energie in die Bildung neuer Tomaten lenkt, und dünge weiterhin phosphorreich. Im Spätsommer erschlaffen die Pflanzen und wirken welk. Das ist völlig normal, denn in unseren Breiten werden die Tage schnell zu kurz und zu kühl, sodass die Pflanzen anfällig werden für Krankheiten. So geschwächt sind sie auch nur schwer drinnen zu überwintern. Deshalb werden sie bei uns einjährig kultiviert. Manche tragen allerdings noch Tomaten bis zum ersten Frost.

LANGER VEGETATIONSZYKLUS

KLEINE TOMATEN

leckere Minis in Hülle und Fülle

Für mich gibt es kaum etwas Schöneres, als Minitomaten anzubauen und zu naschen. Oft pflücke ich morgens auf meinem Balkon fix ein paar Snacktomaten fürs Frühstück. Es sind sehr viele Sorten erhältlich, die sich alle in Größe, Form, Farbe und Geschmack unterscheiden. Sie verwandeln deinen urbanen Balkon- oder Terrassengarten in ein buntes Tomatenparadies!

Kirsch-, Cocktail- und Naschtomaten benötigen Topfgrößen von zehn bis zwölf Liter pro Pflanze. Ein größerer Topf schadet sicher nicht – je mehr Platz die Pflanze zum Wachsen hat, desto besser.

Meine Lieblingssorten, deren Anbau ich unbedingt empfehle, sind folgende:

- **'Verde Claro':** Die Früchte haben einen hervorragend süß-säuerlichen Geschmack, bleiben aber grün. Um herauszufinden, ob sie reif sind, musst du sie anfassen. Fühlen sie sich langsam weich an, sind sie reif. Manche fallen dann auch einfach ab.
- **'Red Fig':** Diese Tomaten ähneln in ihrer Form eher winzigen Birnen und nicht Feigen. Sie bleiben schön fest und eignen sich bestens für Salate. Sobald sie rot geworden sind, können sie gepflückt werden.
- **'Dancing with the Smurfs':** Schlümpfe auf dem Balkon? Ein Märchen, das hier wahr wird. Diese violettgrüne Sorte ist schlichtweg faszinierend und schmeckt herrlich.
- **'Gold Nugget':** Die hübschen gelben Cocktailtomaten sind sehr saftig und wohlschmeckend. Wenn sie reif werden, färben sie sich tiefgelb bis orange.

'Verde Claro'

'Dancing with the smurfs'

'Red Fig'

- **'Peacevine':** Die Cherrytomaten schmecken vorzüglich und haben von allen Kirschtomatensorten den höchsten Vitamin-C-Gehalt. Die Pflanzen tragen den ganzen Sommer hindurch – meine absolute Empfehlung!

- **'Abracazebra':** Diese Sorte bringt kleine grün gestreifte Cherrytomaten mit grünem und sehr aromatischem Fruchtfleisch hervor. Sie ähneln im Aussehen den Früchten der Sorte 'Green Zebra', sind aber kleiner.

'Peacevine'

GEFÄSSEMPFEHLUNG
1 Tomatenpflanze je 10- bis 12-l-Topf

SONNENEINSTRAHLUNG
Sonne

AUSSAAT IM HAUS
6–8 Wochen vor dem letzten zu erwartenden Frost im Frühjahr

AUSSAAT BIS ERNTE
4–5 Monate

ANBAUART
bei uns einjährig

WASSERBEDARF

PFLEGEBEDARF

PLATZBEDARF

LANGER VEGETATIONSZYKLUS

GROSSE TOMATEN

saftig oder fleischig, immer köstlich

Es ist sehr wohl möglich, mittlere und große Tomaten auf dem Balkon zu ziehen, aber sie brauchen natürlich einen größeren Topf. Das leuchtet sicher ein, dass die Pflanze größer und kräftiger sein muss, um solch große, schwere Früchte zu tragen. Ich empfehle unbedingt einen Topf, der mindestens 18 bis 20 Liter fasst. Ehe du Samen bestellst, vergewissere dich, dass sich die gewünschte Sorte auch für den Anbau in Töpfen eignet. Da diese Sorten höher werden, müssen sie unbedingt gestützt bzw. angebunden werden, sonst brechen die Triebe ab. Neben Pflanzstäben empfiehlt sich hier ein Spalier oder aber auch Haken an der Decke bzw. am Dach, an denen du Schnüre befestigst, um den Pflanzen von oben Halt zu geben.

Meine ganz persönlichen Lieblingssorten, deren Anbau ich auch dir unbedingt empfehlen möchte, sind folgende:

- **'Marmande':** Diese hervorragende alte französische Fleischtomatensorte bringt mittelgroße rote Früchte hervor. Es handelt sich um eine semi-determinierte Tomate, die zwar nur begrenzt hoch wächst, allerdings deutlich höher wird als die determinierten Sorten. Das Fruchtfleisch ist saftig und fleischig. Die Früchte reifen bereits bei noch nicht allzu warmen Temperaturen im Frühsommer.

- **'Green Zebra':** Dies ist wieder eine grüne Sorte, allerdings in Form einer saftigen Salattomate. Die Früchte sind nicht nur überaus schmackhaft, sondern sehen mit den Streifen in dunklerem Grün auch noch besonders hübsch aus. Um festzustellen, ob die Tomaten reif sind, hilft nur,

Ganz gewöhnliche rote Tomaten

'Green Zebra'

'San Marzano'

sie anzufassen und zu fühlen, ob sie schon weich werden. Ebenfalls ein Indiz für ihre Reife: Die Früchte färben sich gelb zwischen den grünen Streifen.

- **'San Marzano':** Diese Sorte liefert in großer Zahl längliche Früchte, die auch als Flaschentomaten bezeichnet werden. Sie eignen sich hervorragend zur Zubereitung leckerer Tomatensauce. Hast du erst einmal damit angefangen, Tomatensauce selbst zu machen, wirst du nie wieder fertige im Laden kaufen!

- **'Indigo':** Die mittelgroßen Früchte dieser Sorte schmecken würzig und süß. Wenn sie reif werden, wechselt die Farbe von grün zu schwarzblauviolett.

- **'Ananas Noire':** Die mehrfarbig marmorierte Fleischtomate bringt tief dunkelrote, mittelgroße Früchte hervor. Sie enthalten mehr Vitamin C als die meisten anderen Tomaten dieser Größe.

GEFÄSSEMPFEHLUNG
1 Tomatenpflanze je 18- bis 20-l-Topf

SONNENEINSTRAHLUNG
Sonne

AUSSAAT IM HAUS
6–8 Wochen vor dem letzten zu erwartenden Frost im Frühjahr

AUSSAAT BIS ERNTE
5–6 Monate

ANBAUART
bei uns einjährig

WASSERBEDARF

PFLEGEBEDARF

PLATZBEDARF

ZUCCHINI

schmackhaft und zart

Ja, man kann tatsächlich auf dem Balkon Zucchini anbauen! Bei diesen selbst gezogenen Schönheiten habe ich buchstäblich den wahren Geschmack wiederentdeckt – ihr Fruchtfleisch ist so aromatisch und zart, dass es auf der Zunge zergeht. Zudem beeindruckt es mich zu beobachten, wie diese Pflanze, die doch in einem Topf steht, derart riesiges Gemüse hervorzubringen vermag, das man mit Freude ernten und mit Freunden teilen kann. Es gibt zahlreiche Sorten, also vergiss die langweiligen grünen Zucchini aus dem Supermarkt. Wähle aus verschiedenen Größen, Formen und Farben – und freu dich auf köstliche Speisen.

AUSSAAT Zucchini-Sämlinge sind wirklich imposant! Schon die Samen sind im Vergleich zu anderen Gemüsesamen viel größer. Wenn sie innerhalb von sieben bis zehn Tagen aufgehen, spürt man bereits, was für eine Kraft in diesen Pflanzen steckt. Daher empfehle ich für die Anzucht größere Gefäße – etwa in der Größe einer halbierten Wasserflasche. Die Samen bringst du zwei Zentimeter tief in die Erde ein. Um zu keimen, benötigen sie eine warme und helle Umgebung, die Verwendung einer Anzuchtlampe ist daher sehr zu empfehlen. Da sich die Keimlinge rasch entwickeln, sät man sie in der Regel erst nach den Tomaten – ungefähr vier Wochen vor dem letzten zu erwartenden Frühjahrsfrost.

WACHSTUM Du kannst die Pflänzchen nach dem letzten Frost und dem Abhärten (Seite 160) **ins Freie auspflanzen,** allerdings sollten die Nachttemperaturen nicht unter 15 °C fallen. Damit sie kräftig wachsen, brauchen sie einen großen Topf mit mindestens 18 bis 20 Litern Volumen. Mulche gleich nach dem Umpflanzen und verwende eine Schutzhaube, falls es nachts noch kühl ist. Verabreiche nach zwei Wochen einen **Dünger** mit hohem Stickstoff- und Kaliumanteil, damit sich Stamm und Blätter gut entwickeln. Es ist sehr wichtig, die Pflänzchen gleich zu Beginn zu **stützen bzw. anzubinden.** Zucchini entwickeln einen sehr kräftigen Stamm, der, um senkrecht nach oben zu wachsen, einer Führung bedarf. Am besten rückst du den Topf an eine Wand mit Haken oder ans

Balkongeländer und bindest den Stamm daran fest. Auf diese Weise wächst die Pflanze vertikal, was sich bei begrenztem Raum als platzsparend erweist. Kannst du den Topf nicht an eine Wand oder sonstige Stütze stellen, steckst du einen kräftigen Bambusstab oder besser noch einen starken Stock aus Holz neben dem Stamm in die Erde und bindest die Pflanze, je höher sie wächst, immer wieder ein Stück weiter oben daran an.

BLÜHPHASE Sobald du siehst, dass die ersten Blüten austreiben, steht ein **Wechsel des Düngers** an zu einem solchen mit hoher Phosphor- und Kaliumkonzentration. Jetzt heißt es **Blüten bestäuben:** Hinter jeder neuen Zucchini verbirgt sich auch eine Liebesgeschichte! Hier wachsen nämlich an einer Pflanze männliche und weibliche Blüten, die sich deutlich voneinander unterscheiden. Die männliche Blüte besitzt einen langen, dünnen Blütenstiel, die weibliche dagegen einen ganz kurzen, dicken (weil dieser später ja auch die schweren Früchte tragen muss) sowie einen deutlich erkennbaren

GEFÄSSEMPFEHLUNG
1 Zucchinipflanze je 18-l-Topf

SONNENEINSTRAHLUNG
Sonne oder Halbschatten

AUSSAAT IM HAUS
4 Wochen vor dem letzten zu erwartenden Frost im Frühjahr

AUSSAAT BIS ERNTE
5–6 Monate

ANBAUART
einjährig

WASSERBEDARF

PFLEGEBEDARF

PLATZBEDARF

Fruchtknoten (schon vor der Bestäubung). Damit eine Zucchini wächst, muss ein Bestäuber erst eine männliche und dann eine weibliche Blüte anfliegen. Sollten bei dir nicht viele Bienen oder Hummeln unterwegs sein, kannst du per Hand der Liebe auf die Sprünge helfen. Nimm mit einem Wattestäbchen aus einer männlichen Blüte etwas Pollen auf und klopfe diesen sachte über dem Stempel einer weiblichen Blüte ab. Wenn du Platz hast, kultiviere zwei Pflanzen, das erhöht die Wahrscheinlichkeit einer erfolgreichen Bestäubung.
Vorsicht, Zucchini sind anfällig für **Echten Mehltau,** eine Pilzerkrankung. Sie macht sich durch kleine, unregelmäßige mehlig weiße Flecken auf den Blättern bemerkbar. Schon wenn du die ersten Anzeichen dieser Krankheit auf den Blättern deiner Pflanzen entdeckst, musst du ganz entschieden dagegen vorgehen. Die Pilzsporen verbreiten sich sehr rasch durch die Luft und können andere in der Nähe stehende Pflanzen infizieren. Allerdings gibt es ein wirkungsvolles und einfaches Mittel gegen den Mehltau. Besprühe die befallene Pflanze zunächst mit wasserverdünnter Biofrischmilch (im Mischungsverhältnis 1:8, also 100 Milliliter Milch mit 800 Milliliter Wasser verdünnen). Frischmilch wirkt aufgrund der Milchsäurebakterien als natürliches Antipilzmittel. Wiederhole diese

Tipps

Zucchini möglichst jung ernten. Wenn sie noch nicht so groß sind (10 bis 14 Zentimeter), schmecken sie besser. Außerdem stimuliert die frühe Ernte die Pflanze, weiter zu wachsen und mehr Früchte hervorzubringen.

Zucchinipflanzen immer mulchen, um die nötige Feuchtigkeit im Boden zu halten.

Die unteren Blätter abschneiden, insbesondere diejenigen, die gelb werden. Eher früher als später!

Es kommt immer wieder vor, dass eine Frucht wächst, das hintere Ende aber zu verschrumpeln beginnt und fault. Hier könnte nicht erfolgte Bestäubung, unregelmäßiges Gießen oder Nährstoffmangel die Ursache sein. Um der sogenannten Blütenendfäule vorzubeugen: alle zwei Wochen reichhaltig düngen, vor allem auch mit Kalzium und Magnesium.

Meine Lieblingssorte ist 'Black Beauty'. Sie schmeckt einfach köstlich, und das Fruchtfleisch ist unglaublich zart.

Behandlung dreimal pro Woche. Sollte keine Besserung eintreten, schneidest du die Blätter einfach ab. Aber pass auf, dass du mit ihnen keinesfalls andere Pflanzen berührst. Sie sind sehr infektiös und gehören in den Müll, nicht in den Kompost. Obacht: Verwechsle nicht die unregelmäßigen weißen Mehltauflecken mit der regelmäßigeren weißen Blattzeichnung mancher Zucchinisorten!

ERNTE Um mal eine Analogie zu bemühen: Denk dir eine Zucchini als Rakete. Um höher in den Himmel aufzusteigen, muss eine Rakete ihre unteren Teile abwerfen. Bei der Zucchinipflanze ist es ähnlich: Sie entwickelt einen Hauptstamm, an dem die Blätter und Früchte wachsen. Damit die Pflanze kräftig weiter nach oben wachsen kann, muss sie die unteren Blätter und Früchte loswerden. Warte also mit der Ernte nicht allzu lang, sondern pflücke die Früchte, wenn sie relativ klein sind. Vielleicht hängt sogar noch die Blüte dran. Sie ist essbar und schmeckt sehr gut. Außerdem sind junge Zucchini köstlich. Die zeitige Ernte stimuliert die Pflanze, in den oberen Etagen noch mehr Früchte hervorzubringen. Wenn du bemerkst, dass die unteren Blätter gelb werden und welken – schneide sie ab! Die Pflanze profitiert spürbar davon. Sie erhält ihr Wachstum aufrecht, und außerdem verhindert das Blattabschneiden, dass sich Krankheiten einnisten. Nach der Ernte der ersten Zucchini verwendest du weiterhin einen Dünger mit hohem Phosphor- und Kaliumanteil.

AUBERGINEN

dunkellila Leckerbissen

Ein weiteres exzellentes Gemüse für den Balkonanbau! Auberginen sind sehr nahrhaft und machen sich in Töpfen ausgesprochen gut. Die hübsche Pflanze entwickelt große, längliche Blätter, die sich ganz weich anfühlen – wie kuschelige Baumwolle. Verschiedenste Sorten (nicht alle sind lila!) laden zum Ausprobieren ein, zumal Auberginen nicht sehr krankheitsanfällig sind. Aber – sie lehren uns Geduld: Bis zur ersten Ernte vergehen fünf bis sechs Monate.

AUSSAAT Auberginen brauchen, um gut wachsen zu können, warmes Wetter, also pflanzt man sie erst nach dem letzten Frühjahrsfrost ins Freie. Auch die Nachttemperaturen sollten nicht mehr unter 15 °C fallen. Beginne mit der Aussaat am besten acht Wochen vor dem letzten zu erwartenden Frost. Lies aber vorher die Angaben auf dem Samenpäckchen, da du die Samen vielleicht erst aus ihrer Keimruhe „aufwecken" musst. Im Grunde reicht es in diesem Fall, sie eine Woche lang ins Gemüsefach des Kühlschranks zu legen. Erst dann wird ausgesät, ansonsten keimen sie nicht, und du verlierst wertvolle Zeit! Die Samen sind klein, lege sie also nur einen Zentimeter tief in die Erde und gieße sie regelmäßig. Nach sieben bis zehn Tagen bei 22 bis 24 °C keimen sie im Normalfall.
Entweder säst du gleich von vornherein in einzelne nicht zu kleine Anzuchtgefäße oder aber du machst es wie ich und setzt die Sämlinge später in größere Behälter um, wie beispielsweise eine mittig durchgeschnittene halbe Wasserflasche. Diese Anzucht in zwei Phasen (Seite 159) funktioniert sehr gut.

WACHSTUM Du solltest die Auberginen erst **ins Freie auspflanzen,** wenn nicht mehr mit Spätfrost zu rechnen ist und auch in der Nacht die Temperaturen über 15 °C bleiben, denn die Pflänzchen brauchen Wärme. Denk auch an das Abhärten (Seite 160). Mulche gleich nach dem Auspflanzen und schütze sie zu Anfang nachts noch mit einer

Pflanzenhaube. Um groß zu werden und gesund zu wachsen, brauchen die Pflanzen sehr viel Sonne und warmes Wetter, reserviere ihnen also eine der sonnigsten Stellen, die du hast.

In der Wachstumsphase brauchen Auberginen regelmäßig Nährstoffe, also verabreiche ihnen alle zwei Wochen einen **Dünger** mit hohem Stickstoff- und Kaliumgehalt.

Ausgeizen nicht vergessen: Genau wie Tomaten bringen auch Auberginen unerwünschte Seitentriebe hervor, die allzu üppig von unten oder aus den Blattachseln hervorbrechen. Knipse sie ab, solange sie noch klein sind. So steckt die Pflanze ihre Kraft nicht unnötig dort hinein, sondern ins Wachstum von Haupttrieb, Blüten und Früchten.

BLÜHPHASE Wenn die Aubergine blüht, ist ein **Wechsel des Düngers** angesagt. Verwende jetzt Dünger mit hohem Phosphor- und Kaliumanteil. Sobald du violett-gelbe Blüten erspähst, die sehr apart aussehen, wird es höchste Zeit.

GEFÄSSEMPFEHLUNG
1 Auberginenpflanze je 18-l-Topf

SONNENEINSTRAHLUNG
Sonne

AUSSAAT IM HAUS
8 Wochen vor dem letzten zu erwartenden Frost im Frühjahr

AUSSAAT BIS ERNTE
5–6 Monate

ANBAUART
bei uns einjährig

WASSERBEDARF

PFLEGEBEDARF

PLATZBEDARF

Du solltest nun die **Blüten bestäuben.** Wie Tomaten haben auch Auberginenpflanzen vorwiegend zwittrige Blüten mit männlichen und weiblichen Geschlechtsorganen. Das bedeutet, dass du die Bestäubung ganz einfach selbst bewerkstelligen kannst. Klopfe mit deinem Finger sachte gegen die Blüte oder schüttle die Pflanze behutsam. Natürlich kannst du die Bestäubung auch dem Wind und den fleißigen Insekten überlassen.

ERNTE Nun, da diese herrlichen Früchte gewachsen sind, solltest du sie auch ernten. Nicht einfach daran ziehen, denn sie sitzen sehr fest am Stiel. Schneide sie mit einem Messer oder einer Gartenschere sauber ab. Manche Sorten haben kleine Stacheln, also Vorsicht! Von einer Aubergine gestochen zu werden ist nicht witzig, da kann sie noch so lecker schmecken und schön aussehen! Reifegrad und Erntezeitpunkt hängen sehr von der Sorte ab.

Auch nachdem die ersten Auberginen geerntet sind, wird weiter mit hohem Phosphor- und Kaliumanteil gedüngt, um das Wachstum weiterer Früchte zu fördern.

Auberginen sind ursprünglich übrigens mehrjährige Stauden. Sie würden in unserem gemäßigten Klima aber niemals den kalten Winter überstehen, daher werden sie hier gewöhnlich einjährig kultiviert.

Tipps

Vor der Aussaat immer auf dem Samentütchen nachlesen, ob die Sorte aus der Keimruhe geholt werden muss.

Die Aubergine wird auch als Eierfrucht bezeichnet. Warum? Offenbar nicht nur wegen der Form (meistens), sondern bei der Sorte 'Bianca Oval' auch mal wegen der Farbe – es sieht tatsächlich so aus, als würden weiße Eier aus der Pflanze wachsen.

Solltest du bemerken, dass zu viele Blüten abfallen, wurden diese entweder nicht bestäubt oder die Pflanze erhielt zu wenig Wasser.

Viele Sorten harren der Entdeckung, beispielsweise 'Little Fingers' – diese Sorte bringt viele kleine Auberginenfinger hervor, deren Fruchtfleisch besonders zart ist und sich perfekt für sommerliche Grillabende eignet.

Bevorzugst du größere Auberginen, wirst du bei Sorten wie 'Listada da Gandia' oder 'Violetta di Firenze' Augen machen! Dafür brauchst du aber größere Töpfe.

„Deine eigenen Bio-Lebensmittel reifen zu sehen und zu ernten, ist ein großartiges Gefühl.“

LANGER VEGETATIONSZYKLUS

GURKEN

sommerlicher Hochgenuss

Nachdem ich meine erste selbst gezogene Gurke geerntet hatte, machte ich eine phänomenale Entdeckung: Gurken schmecken nach etwas. Im Ernst! Was für eine Schlagzeile: Gurke mit Geschmack entdeckt! Ich hatte mich an Gurken mit dem immer gleichen, nahezu nicht vorhandenen wässrigen Geschmack gewöhnt, erfrischend im Sommer, aber immer auch etwas fade. Wer eigene Gurken anbaut, kann ganz neue Geschmacksnuancen kennenlernen und auch neue Sorten ausprobieren. Gurken wachsen allerdings unkontrollierbar, also sorge für genügend Platz!

AUSSAAT Lege vier Wochen vor dem letzten zu erwartenden Frühjahrsfrost die Samen einzeln zwei Zentimeter tief in Anzuchttöpfe. Die Keimlinge ähneln denen von Zucchini: Man sieht, dass eine wuchtige Pflanze heranwächst. Sie keimen in einem warmen Raum innerhalb von sechs bis zehn Tagen. Zeigen sich drei Blättchen, setzt du sie in größere Töpfe um, lässt sie aber noch im warmen Haus, am besten unter einer Anzuchtlampe.

WACHSTUM Es wird Zeit für den **Umzug nach draußen,** sobald das Pflänzchen um die sechs Blätter hat und die Außentemperaturen nicht mehr unter 15 °C fallen. Denk auch an das Abhärten (Seite 160). Wenn du die Setzlinge aus dem Topf nimmst, werden dir kräftige Wurzeln auffallen. Das Wurzelsystem spielt eine große Rolle, und deshalb brauchen Gurken für eine gesunde Entwicklung mindestens einen 18-Liter-Topf. Vergiss nicht zu mulchen und stelle sie an einen sehr sonnigen Standort. In der Wachstumsphase brauchen Gurken regelmäßig Nährstoffe, also am besten alle zwei Wochen **düngen,** mit hohem Stickstoff- und Kaliumgehalt.

Jetzt schnell **stützen bzw. anbinden:** Glaub mir, Gurken wachsen wie verrückt in alle Richtungen, vertikal wie horizontal. Ein Balkongeländer eignet sich prima, um die Pflanze immer wieder daran anzubinden, je weiter sie wächst. Hast du keines, steckst du drei Bambusstäbe an drei Seiten deines Topfes in die Erde und bindest sie daran fest.

BLÜHPHASE Sobald du kleine gelbe Blüten erspähst, ist es an der Zeit, auf **Dünger** mit hohem Phosphor- und Kaliumanteil umzustellen.

Dann heißt es **Blüten bestäuben:** Wie Zucchini besitzen auch Gurken männliche und weibliche Blüten, und zwei Pflanzen erhöhen die Ernte. Die männlichen haben einen dünnen Stiel, bei den weiblichen ist anstelle eines Stiels eine Art Minigurke zu erkennen, an deren Ende die Blüte sitzt, die sich bei Bestäubung tatsächlich zur Gurke auswächst. Hummeln fliegen die gelben Blüten gern an. Ich habe mich oft gefragt, warum so dicke, schwere Hummeln so kleine Blüten anfliegen, aber sie tun es offenbar mit Vorliebe, und da wollen wir lieber auch gar

Tipps

Als normale Gurken empfehle ich die Sorten 'Green Finger' und 'Le Généreux'.

Solltest du aufgrund deiner Supermarktsozialisation normale Gurken jedoch leid sein, dann probiere interessantere Sorten wie 'Crystal Apple', 'Edmonson' oder 'Kaiser Alexander', die sich alle in Geschmack, Farbe und Form unterscheiden.

Wer Gurken lieber schält, gibt die Schalen auf jeden Fall in den Bokashi-Eimer.

Du kannst auch die sogenannte 'Mexikanische Minigurke' oder 'Cucamelon' anbauen. Ihre Früchte sind nur so groß wie Weintrauben und schmecken nach Gurke mit einem Hauch Limette, würzig und säuerlich – ein sehr besonderer Geschmack.

nicht meckern. Bestäubung per Hand ist aber ebenfalls möglich. Wische dazu mit einem kleinen Pinsel zuerst in der männlichen und dann in der weiblichen Blüte herum.

ERNTE Während du deinen Gurken beim Wachsen zusiehst, werden sie nicht nur größer, sondern auch schwerer – also immer den Stamm anbinden, egal woran. Wann du ernten kannst, hängt von der Sorte ab. Meist erkennst du schon, wenn es so weit ist. Schneide dann einfach den Stiel oberhalb der Gurke durch. Nun nur noch schälen (sofern du das möchtest) und genießen – vielleicht in einem frischen Sommersalat?
Setze die Phosphor- und Kaliumgaben fort, auch wenn du bereits die ersten Exemplare geerntet hast. Sollten die unteren Blätter gelb oder braun werden: abschneiden!

GEFÄSSEMPFEHLUNG
1 Gurkenpflanze je 18-l-Topf

SONNENEINSTRAHLUNG
Sonne

AUSSAAT IM HAUS
4 Wochen vor dem letzten zu erwartenden Frost im Frühjahr

AUSSAAT BIS ERNTE
5–6 Monate

ANBAUART
einjährig

WASSERBEDARF

PFLEGEBEDARF

PLATZBEDARF

LANGER VEGETATIONSZYKLUS

GEMÜSEPAPRIKA

geschmacksintensives Wunderwerk

Paprika anzubauen macht wirklich Spaß – das Gemüse schmeckt herrlich frisch und knackig, wenn man es roh nascht. Gesund ist es obendrein: Paprika enthält viel Kalium, Calcium, Magnesium und Zink und jede Menge Vitamin C. Ein wahres Wundergemüse. Ich finde es auch immer wieder verblüffend, wie sich die kleinen Blüten zu so großen Früchten wandeln! Dazu musst du allerdings viel Geduld mitbringen. Paprika braucht lange zum Wachsen, und der Pflegeaufwand ist zumindest am Anfang erheblich, da sie zum Keimen und Wachsen auf viel Wärme angewiesen ist. Aber glaub mir, es lohnt sich! Es gibt zahllose Sorten, die sich in Geschmack, Farbe und Form unterscheiden. Probier dich durch!

AUSSAAT Da die Pflanzen ausgesprochene Spätstarter sind, sollte die Aussaat bereits acht bis zehn Wochen vor dem letzten zu erwartenden Frühjahrsfrost erfolgen. Die Samen kommen jeweils einzeln und zwei Zentimeter tief in die Anzuchttöpfe. In einem warmen Raum bei mindestens 20 °C keimen sie gewöhnlich innerhalb von ein bis drei Wochen. Kleine Anzuchttöpfe reichen zunächst, aber sobald die Keimlinge vier Blättchen ausgebildet haben, sollten sie in größere Gefäße umgesetzt werden – entweder in einen Ein-Liter-Topf oder eine halbe, mittig durchgeschnittene Wasserflasche.

WACHSTUM Das **Auspflanzen** nicht überstürzen. Nach mehreren Wochen im Warmen sieht der Sämling endlich wie eine kleine Pflanze aus. Nun ist es Zeit, ihm mindestens einen Zwölf-Liter-Topf zu gönnen. Dieser sollte so lange im Haus stehen, bis die Temperaturen nicht mehr unter 15 °C fallen. Dann abhärten (Seite 160) und anschließend mulchen und draußen an einen vollsonnigen Ort stellen. In der frühen Wachstumsphase gibst du alle zwei Wochen **Dünger** mit einem hohen Stickstoff- und Kaliumgehalt.
Paprika unbedingt **stützen bzw. anbinden!** Damit die Pflanze stabil steht und um zu verhindern, dass bei einem kräftigen Windstoß der Haupttrieb abbricht, empfiehlt es sich, sie an einem Bambusstab anzubinden.

BLÜHPHASE Sobald sich kleine weiße Blüten zeigen, ist es Zeit für den Wechsel zu phosphor- und kaliumreichem **Dünger.** Denk unbedingt an das **Bestäuben der Blüten.** Wie bei Tomaten sind auch bei Paprikapflanzen männliche und weibliche Geschlechtsorgane in einer Blüte zu finden. Einfach sanft mit dem Finger an die Blüte klopfen oder mit einem Pinsel bei der Bestäubung nachhelfen. Um das Wachstum anzuregen, ist es empfehlenswert, die sogenannte Königsblüte zu entfernen. Das ist die Blüte, die an der Spitze der Pflanze in der Gabelung zwischen dem Haupttrieb und dem ersten Seitentrieb wächst. Einfach mit den Fingern packen und

abdrehen. So steckt die Jungpflanze nicht ihre ganze Energie in diese eine Frucht, sondern bildet viele weitere aus.

Paprikapflanzen mögen wie Tomaten keinen Regen, brauchen aber reichlich Wasser. Du solltest also die Erde immer feucht halten.

ERNTE Du erntest die Paprikafrüchte, indem du mit einer (Garten-)Schere den Fruchtstiel durchtrennst. Meist erkennst du den richtigen Reifegrad daran, dass sie langsam weich werden – hier hilft also mal wieder Anfassen. Dünge, nachdem du die ersten Paprika geerntet hast, auch weiterhin mit hohem Phosphor- und Kaliumanteil.

Paprikapflanzen sind ausdauernd, du kannst sie also überwintern und dich auch im nächsten Jahr daran erfreuen. Hole die Paprika ins Haus, wenn es kalt wird – Frost darf sie auf keinen Fall abbekommen. Kontrolliere sie zuvor gründlich auf Schädlinge. Stelle sie ans Fenster, sodass sie ausreichend Tageslicht erhält. Wenn du die Paprika bei etwa 10 °C überwinterst, ruht sie, dann nicht düngen.

GEFÄSSEMPFEHLUNG
1 Paprikapflanze je 12-l-Topf

SONNENEINSTRAHLUNG
Sonne

AUSSAAT IM HAUS
8–10 Wochen vor dem letzten zu erwartenden Frost im Frühjahr

AUSSAAT BIS ERNTE
5–6 Monate

ANBAUART
mit Winterquartier ausdauernd

WASSERBEDARF

PFLEGEBEDARF

PLATZBEDARF

Verliert sie ein paar Blätter, ist das nicht weiter tragisch. Gieße, wenn die Erde trocken wird, und suche die Pflanze regelmäßig nach Blattläusen ab. Tauchen welche auf, zerdrücke sie einfach mit dem Finger. Bei Zimmertemperatur wächst die Paprika weiter und bildet Früchte, dann solltest du düngen und mehr gießen. Zwei Wochen vor dem letzten Frühjahrsfrost im nächsten Jahr topfst du die Paprika um, versorgst sie also mit frischer Erde. Bald wird sie neu austreiben. Sobald das Thermometer draußen nicht mehr unter 15 °C fällt, stellst du sie ins Freie und beginnst wieder mit den Düngergaben. Ein neuer Vegetationszyklus beginnt!

Tipps

Die Paprika ist eine ausdauernde Pflanze. Sie kann mehrere Jahre leben, und sofern man sie frostfrei überwintert, trägt sie auch im nächsten Jahr Früchte.

Unterschätze nicht das Bedürfnis der Jungpflanze nach Wärme – über 20 °C sollten es schon sein!

Es gibt viele unterschiedliche Varianten – probier doch mal Gemüsepaprikasorten wie 'Orange Bell', 'Purple Beauty' oder 'Sweet Chocolate'.

Magst du lieber lange, schmale Varianten und ein bisschen Schärfe, dann versuch es mit der Chilisorte 'Cuneo' oder mit solchen, die wegen ihrer an Kuhhörner erinnernden Form unter dem Sammelbegriff 'Cow Horn Chili' geführt werden.

Chilis und Paprikas gehören übrigens derselben Gattung an. Der Anbau und die Pflege der beiden funktionieren also genau gleich. Bei Paprikas wurde einfach das Capsaicin herausgezüchtet, das Chilis so scharf macht.

ERDBEEREN

süße Köstlichkeit

Wie wäre es mit frischen Erdbeeren zum Frühstück oder als Nachtisch? Natürlich vom Balkon! Kommerzielle Erdbeeren aus dem Supermarkt sind oft mit Pestiziden belastet. Keine Sorge: Erdbeeren lassen sich nicht nur in relativ kleinen Töpfen ziehen, sondern auch besonders einfach vermehren, weil sie Ausläufer bilden. Die Natur ist großzügig: Aus einer einzigen Pflanze entstehen wie durch Zauberei jede Menge neue! Außerdem sind Erdbeeren ausdauernd und mehrjährig – im nächsten Jahr tragen sie wieder Früchte, wenn du sie ein wenig vor Frost schützt.

AUSSAAT Die Samen säst du bereits mitten im Winter im Haus. Lege sie einzeln in die Anzuchttöpfe, ohne sie mit Erde zu bedecken, denn Erdbeeren sind Lichtkeimer. In einem hellen, mindestens 20 °C warmen Raum gehen sie gewöhnlich nach ein bis sechs Wochen auf. Nach weiteren sechs Wochen setzt du die Keimlinge in größere Töpfe mit frischer Erde um.

WACHSTUM Sobald die Sämlinge mehrere Blättchen entwickelt haben, kannst du sie im Frühjahr **ins Freie auspflanzen.** Temperaturen leicht unter Null vertragen sie, du musst also nicht den letzten Spätfrost abwarten. Einfach mit etwas Frostschutzvlies oder einer Pflanzenhaube schützen, falls es nachts doch noch einmal ordentlich kalt wird. Erdbeeren kommen mit relativ kleinen Töpfen zurecht, für eine Pflanze genügt ein Fünf-Liter-Topf oder für zwei Pflanzen ein Zehn-Liter-Blumenkasten. Vergiss nicht zu mulchen und stell den Topf an einen vollsonnigen Ort. In der frühen Wachstumsphase **düngst** du alle zwei Wochen mit hohem Stickstoff- und Kaliumgehalt.

Erste Blüten sind zu sehen? Dann heißt es **ausgeizen.** Wenn die Blätter groß sind, zeigen sich erste Blütenknospen. Ist es das erste Jahr der Pflanze, müssen diese ersten Blütenansätze unbedingt entfernt werden! Wirklich! Dadurch erntest du zwar nicht schon im Juni die ersten Früchte, sondern erst später im Jahr, aber das Ausgeizen der ersten Blüten spart der Pflanze Kraft, die sie in die Entwicklung der Wurzeln stecken kann, wodurch sie später viel reicher trägt. Im zweiten Jahr brauchst du dann die ersten Blüten nicht mehr auszugeizen. Nun ist die Pflanze kräftig genug und bringt viele Früchte hervor.

BLÜHPHASE **Dünge** während der Blüte mit hohem Phosphor- und Kaliumanteil. Dank der Ausläufer, die sie bilden, lassen sich Erdbeerpflanzen ganz einfach **vermehren.** Diese Ausläufer wachsen auf der Suche nach neuem Substrat aus dem Topf heraus. Möchtest du neue Pflanzen gewinnen, setzt du die sich an den Ausläufern bildenden neuen Blattrosetten einfach in neue Töpfe mit frischer Erde. Großartig einbuddeln musst du sie nicht, einfach nur auf der Oberfläche leicht fixieren und gießen, sie bilden von allein Wurzeln aus. Nach ein paar Wochen

Tipps

Erdbeerpflanzen lassen sich leicht durch Ableger vermehren – eine einzige Pflanze bildet oft viele Ausläufer.

Die mehrjährigen Pflanzen überstehen Frost und bringen auch im nächsten Jahr wieder Früchte hervor.

Neben „normalen" Gartenerdbeeren kannst du auch Wald-Erdbeeren ziehen. Ihre Früchte sind kleiner, aber unglaublich aromatisch.

Sollten deine Samen nicht aufgehen, findest du im Gartencenter oder besser noch auf dem Wochenmarkt Jungpflanzen, die du nur noch in einen größeren Topf oder einen Blumenkasten umzutopfen brauchst.

schneidest du den Ausläufer (die Verbindung zur Mutterpflanze) durch und schon hast du eine neue Erdbeerpflanze!
Du kannst aber auch alle **Ausläufer abschneiden,** wenn du die Pflanze nicht vermehren möchtest. Einfach mit der (Garten-)Schere. Die Pflanze steckt ihre Kraft dann wieder vermehrt in die Fruchtbildung.

ERNTE

Nichts leichter als das – sobald sie rot werden, einfach pflücken und in den Mund damit! Nach den ersten Ernteerfolgen immer schön weiter mit Phosphor und Kalium düngen. Lass die Pflanze im Winter ruhen, schütze sie lediglich mit einem Pflanzenvlies vor allzu strengem Frost. Blätter und Stängel werden braun, was aber völlig normal ist.
Im nächsten Frühjahr schneidest du die braunen Pflanzenteile ab, dann startet die Pflanze wieder durch. Sie wird neue Blätter und bald auch jede Menge Blüten treiben. Dünge wieder wie oben beschrieben und bald genießt du erneut jede Menge köstliche, fruchtige Erdbeeren!

GEFÄSSEMPFEHLUNG

1 Erdbeerpflanze je 5-l-Topf
2 Erdbeerpflanzen je 10-l-Blumenkasten

SONNENEINSTRAHLUNG

Sonne oder Halbschatten

AUSSAAT IM HAUS

12–14 Wochen vor dem letzten zu erwartenden Frost im Frühjahr

AUSSAAT BIS ERNTE

5–6 Monate

ANBAUART

ausdauernd / winterhart

WASSERBEDARF

PFLEGEBEDARF

PLATZBEDARF

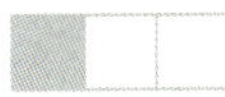

Eine weitere Möglichkeit für die Anzucht im Haus

STECKLINGE SELBST ZIEHEN

Wer das Buch bis hierhin aufmerksam gelesen hat, weiß, dass sich viele Pflanzen leicht vermehren lassen – einerseits durch Samen, die du sammelst und trocknest, andererseits durch Ausläufer wie bei Erdbeeren. Es gibt noch eine weitere Methode: die Stecklingsvermehrung. Mit dieser Technik gewinnst du viele neue Pflanzen, und das zum Nulltarif!

Du schneidest einfach einen Trieb der Pflanze ab und stellst ihn in ein Gefäß mit etwas Wasser. Nach ein bis zwei Wochen hat er Wurzeln getrieben, sodass du ihn in einen Topf mit frischer Erde einpflanzen kannst.

Bei Küchenkräutern wie Basilikum, Minze, Oregano, Rosmarin oder Thymian funktioniert das prima. Wenn du diese Pflanzen also erst einmal aus Samen selbst gezogen hast, kannst du sie im Grunde immer wieder durch Stecklinge vermehren und erhältst so weitere Pflanzen. Was aber noch interessanter ist: Du erinnerst dich an den Basilikumtopf aus dem Supermarkt, der nach ein paar Tagen einging und weswegen ich dachte, ich hätte keinen grünen Daumen? Nun, sogar ein Supermarktgewächs lässt sich auf diese Weise vermehren: Trieb wurzeln lassen, einpflanzen, voilà! Ganz einfach – und nie wieder Küchenkräuter im Laden kaufen müssen!

Doch auch bei Tomaten funktioniert es bestens. Wie du weißt, werden Tomaten im frühen Wachstums- und Entwicklungsstadium ausgegeizt, um das Höhenwachstum anzuregen. Auch diese abgeknipsten Seitentriebe bilden in etwas Wasser Wurzeln und schenken dir somit neue Tomatenpflanzen. Geiztriebe? Von wegen, hier geizt weder die Pflanze noch die Natur!

Vegetative Pflanzenvermehrung Schritt für Schritt:
Bei der vegetativen Vermehrung entsteht ein genetisch indentisches Abbild der Mutterpflanze. So kannst du durch Stecklinge eine bestimmte Sorte jahrelang erhalten.

- **Schritt 1:** Einen langen Trieb der Pflanze mit einer Schere abschneiden.
- **Schritt 2:** Die unteren Blätter des Triebs abknipsen. Hier wird sich ein Knoten bilden, aus dem dann die Wurzeln treiben.
- **Schritt 3:** Den Trieb in ein Glas mit Leitungswasser stellen. Achtung, die Blätter dürfen dabei nicht im Wasser stehen.
- **Schritt 4:** An einen hellen Platz stellen, jedoch ohne direkte Sonneneinstrahlung.
- **Schritt 5:** Das Wasser alle drei bis vier Tage wechseln.
- **Schritt 6:** Nach ein bis zwei Wochen wirst du die Bildung neuer Würzelchen beobachten können.
- **Schritt 7:** Warten, bis die Wurzeln etwa drei bis vier Zentimeter lang sind, dann ist die Zeit gekommen, sie einzupflanzen.
- **Schritt 8:** Einen Zwei- bis Vier-Liter-Topf mit frischer Erde befüllen und gießen. Mit einem Bleistift ein Loch hineindrücken, den bewurzelten Trieb vorsichtig hineinsetzen und die Erde rundherum andrücken.

Du hast gerade eine neue Pflanze erschaffen! Wie du siehst, ist diese Methode ganz einfach, und du kannst aus einer einzigen Pflanze viele gewinnen. Wenn du also das nächste Mal bei Freunden zu Gast bist, die Thai-Basilikum oder etwas anderes Interessantes ziehen, dann bitte sie doch um einen Steckling, damit auch du die Pflanze auf deinem Balkon wachsen lassen kannst – echt easy peasy!

Gesund, lecker, selbst gezogen

KEIMSPROSSEN

Auch Sprossen lassen sich leicht ziehen. Du brauchst dafür nicht mal ein Plätzchen im Freien, also weder Balkon noch Terrasse. Saatsprossen sind vitamin- und vitalstoffreich und bilden für deine frisch geernteten Salate die perfekte Ergänzung. Am einfachsten geht es, wenn du dir entweder online oder im Bioladen ein spezielles Keim- bzw. Sprossenglas besorgst, das meist im Set mit Siebdeckel und Gestell angeboten wird. Außerdem brauchst du geeignete Samen. Meine Lieblingssprossen sind Alfalfa, Radieschen und Mungbohnen, aber es gibt jede Menge andere, die du ausprobieren könntest.

Keimsprossen ziehen Schritt für Schritt:
Die würzigen Vitalstoffbomben lassen sich kinderleicht auf der Fensterbank anbauen.

- **Schritt 1:** Den Deckel vom Sprossenglas schrauben.

- **Schritt 2:** So viel von deiner Lieblingssaat ins Glas geben, dass der Boden reichlich bedeckt ist. Dafür brauchst du ganz schön viele Samen.

- **Schritt 3:** Wasser hinzugeben, Deckel aufsetzen und die Samen zehn bis zwölf Stunden einweichen. Dazu das Glas aufrecht stellen, sonst läuft das Wasser heraus.

- **Schritt 4:** Das Wasser abgießen, sodass sich nur noch die eingeweichten Samen im Glas befinden. Das Glas mit dem Siebdeckel schräg nach unten auf dem mitgelieferten Gestell platzieren.

- **Schritt 5:** Jeden Morgen und Abend die Saat mit frischem Wasser durchspülen, das Wasser abgießen und wieder mit dem Deckel schräg nach unten auf den Ständer stellen.

- **Schritt 6:** Nach ein paar Tagen sprießen die ersten Keimlinge aus der Saat. Nach ein bis eineinhalb Wochen kannst du die Keimsprossen ernten und genießen.

Leicht, was? Diese Methode ist so simpel, dass du eigentlich immer zu Hause eigene Sprossen ziehen kannst. Sie halten sich ein paar Tage im Kühlschrank. Ich liebe Keimsprossen – sie sind sehr gesund und verleihen jedem Gericht einen speziellen geschmacklichen Kick. Probier es aus: Würze mit ihnen deine Salate oder streue sie auf dein Butterbrot. Du wirst staunen, welche tollen Geschmacksnuancen sich dir eröffnen.

Fröhliches Wachsenlassen und

ALLES LIEBE UND GRÜNE!

Wenn du diese Zeilen liest, hast du bis zum Ende des Buches durchgehalten, wofür ich dir sehr danke. Ich habe mein ganzes grünes Herz und all meine Leidenschaft für Grünes hineingelegt, um mein Wissen über den Anbau von Gemüse & Co. auf dem Balkon mit dir zu teilen. Sollte es dich inspiriert und dir die Grundlagen für einen bestmöglichen Start vermittelt haben, wäre ich sehr glücklich.

Auf der nächsten Seite findest du noch einen Aussaatkalender, der dir helfen soll, deinen Traum vom Obst- und Gemüsegarten auf dem eigenen Balkon zu planen und mit der Aussaat der verschiedenen Pflanzen zur richtigen Zeit zu starten.

Ich wünsche dir nun von ganzem Herzen eine fantastische Reise durch das wunderbare Reich des Gärtnerns. Du wirst es sicher nicht bereuen! Gern kannst du mir über meine Website ***www.thefrenchiegardener.com*** schreiben oder über meinen Instagram Account ***@thefrenchiegardener***. Über Feedback und deine Gedanken zum Thema würde ich mich sehr freuen. Wenn du möchtest, kannst du mir auch gern Bilder von deinem Balkongarten schicken – was du anbaust, was dich glücklich macht. Lass mich an deiner eigenen Reise teilhaben.

Ein riesengroßes Dankeschön geht an den ZS Verlag für das Vertrauen und an all die wunderbaren Menschen, die mich während des Verfassens dieses Werkes mit freundlichen Worten begleitet haben und mir beim Schreiben, Korrekturlesen, Anpassen, Umschreiben und Neuschreiben zur Seite standen.

In diesem Sinne:

fröhliches Wachsenlassen und alles Liebe und Grüne!

Perfektes Timing

DEIN AUSSAATKALENDER

Bitte beachte, dass dieser Kalender nur ein Anhaltspunkt ist und an *deine* Klimazone, *deine* Jahreszeiten, das Mikroklima bei *dir* vor Ort angepasst werden sollte. Und auch an die Sorten, die du gewählt hast! Deshalb gebe ich dir keine Kalendermonate vor wie in den üblichen Aussaatkalendern. Plane deine Aussaat nach dem **letzten zu erwartenden Frühjahrsfrost** und dem **ersten zu erwartenden Winterfrost** an *deinem* Wohnort.

Aussaat bis Ernte	früheste Aussaat vor dem *letzten* Frost	letzte Aussaat vor dem *ersten* Frost*
ERDBEEREN 5–6 Monate	12–14 Wochen vorher	---
PAPRIKA 5–6 Monate	8–10 Wochen vorher	---
SPINAT 2–3 Monate	8–10 Wochen vorher	12 Wochen vorher
GROSSE TOMATEN 4–5 Monate	6–8 Wochen vorher	---
KLEINE TOMATEN 5–6 Monate	8 Wochen vorher	---
AUBERGINEN 5–6 Monate	8 Wochen vorher	---

* Wähle unbedingt winterharte Sorten, denen kältere Temperaturen nichts ausmachen.

Aussaat bis Ernte	früheste Aussaat vor dem *letzten* Frost	letzte Aussaat vor dem *ersten* Frost*
SCHNITTLAUCH 3 Monate	6 Wochen vorher	12–14 Wochen vorher
BASILIKUM 1–2 Monate	6 Wochen vorher	16–18 Wochen vorher
PAK CHOI 2–3 Monate	6 Wochen vorher	10 Wochen vorher
PETERSILIE 2–3 Monate	6 Wochen vorher	12 Wochen vorher
THYMIAN 3 Monate	6 Wochen vorher	12–14 Wochen vorher
ZITRONENMELISSE 3 Monate	6 Wochen vorher	12–14 Wochen vorher
ERBSEN 2–3 Monate	4 Wochen vorher	12 Wochen vorher
GARTENSALAT 2–3 Monate	4 Wochen vorher	8 Wochen vorher
GRÜNKOHL 3 Monate	4 Wochen vorher	6 Wochen vorher
GURKEN 5–6 Monate	4 Wochen vorher	---
KARTOFFELN 3–4 Monate	4 Wochen vorher	---
KNOLLENFENCHEL 2–3 Monate	4 Wochen vorher	10 Wochen vorher
MANGOLD 2–3 Monate	4 Wochen vorher	10 Wochen vorher

Aussaat bis Ernte	früheste Aussaat vor dem *letzten* Frost	letzte Aussaat vor dem *ersten* Frost*
MÖHREN 3 Monate	4 Wochen vorher	12 Wochen vorher
SPEISERÜBEN 2–3 Monate	4 Wochen vorher	12 Wochen vorher
ZUCCHINI 5–6 Monate	4 Wochen vorher	---
RADIESCHEN 1–2 Monate	im Freien aussäen nach letztem Frost	4 Wochen vorher
DILL 2–3 Monate	im Freien aussäen nach letztem Frost	12–14 Wochen vorher
KORIANDER 2–3 Monate	im Freien aussäen nach letztem Frost	12–14 Wochen vorher
MINZE 3–4 Monate	im Freien aussäen nach letztem Frost	12–14 Wochen vorher
OREGANO 3 Monate	im Freien aussäen nach letztem Frost	12–14 Wochen vorher
ROSMARIN 3 Monate	im Freien aussäen nach letztem Frost	12–14 Wochen vorher
BROKKOLI 3–4 Monate	---	10–12 Wochen vorher

* Wähle unbedingt winterharte Sorten, denen kältere Temperaturen nichts ausmachen.

REGISTER

ZUM AUTOR

Patrick Vernuccio ist ein Stadtmensch. Geboren und aufgewachsen in Paris pflanzte er 2018 seine ersten Tomaten auf einem kleinen Balkon mitten in Amsterdam. Mit den ersten Trieben wuchs auch seine Begeisterung für Urban Gardening rasant. Heute lebt er in Berlin und erntet auf seinem 18 Quadratmeter großen Balkon das ganze Jahr Obst und Gemüse in Hülle und Fülle. Als *The Frenchie Gardener* betreibt der Anbau-Autodidakt und Social-Media-Influencer einen erfolgeichen Garten-Blog und Instagram-Kanal. Er schreibt regelmäßig für Gartenmagazine und verbreitet seine Leidenschaft für urbanes, biologisches Gärtnern auch in Podcasts und auf Gartenmessen.

IMPRESSUM

Hinter jedem tollen Buch steckt ein starkes Team

Projektleitung: *Ina Stewart*
Texte: *Patrick Vernuccio*
Lektorat und Korrektorat:
bookwise Medienproduktion GmbH, München; Sonja Forster
Covergestaltung: *Sabine Schröder, Katharina Fesl*
Grafische Gestaltung und Satz:
Katharina Fesl, Sabine Schröder
Fotografie: *Sabine Gudath*
Illustrationen: *Sabine Schröder*
Herstellung: *Frank Jansen*
Producing: *Jan Russok*
Druck & Bindung: *optimal media GmbH, Röbel*

1. Auflage 2022
© 2022 Edel Verlagsgruppe GmbH
Kaiserstraße 14 b
D-80801 München
ISBN: 978-3-96584-189-5

BILDNACHWEIS

Illustration Umschlag iStock: grivina; Papier Hintergrund Umschlag und weitere Seiten Shutterstock: Only background; S. 23 Shutterstock: Sergey Bezverhiy; S. 29 (oben) Agropolis; S. 29 (unten) Shutterstock: Jose L Vilchez; S. 58 (oben) Shutterstock: Cornelia Pithart, S. 58 (unten) Shutterstock: Jacquie Klose; S. 77 Shutterstock: cherryyblossom; S. 78 Shutterstock: johan kusuma; S. 79 Shutterstock: Kosobu; S. 96: Elho; S. 103: hanohiki; S. 180 Shutterstock: Kaiskynet Studio

LIEBE LESER*INNEN,

wie schön, dass Sie ein Buch von ZS in den Händen halten. „jetzt leben!" ist das Motto unseres Verlages. Es steht für Genuss und Inspiration, Unterstützung und Motivation. Ob Kulinarik oder Fitness, Gesundheit oder Lebenshilfe – seit über 30 Jahren bieten wir kompetente Ratgeber für (fast) alle Lebenslagen. Wir lieben Tradition genauso wie Innovation – sie treiben uns an. Unsere Autor*innen sind Menschen, die zu ihrem Thema wirklich etwas zu sagen und zu schreiben haben. Unsere Produkte sind erzählerisch, appetitmachend und als gedruckte Bücher haptisch echte Erlebnisse. Für Sie mit ganz viel Liebe gemacht! Entdecken Sie mehr aus unserer wunderbaren Welt!

UNSER VERLAGSHAUS

Mit Standorten in München, Hamburg und Berlin zählt die Edel Verlagsgruppe zu den größten unabhängigen Buchanbietern Deutschlands. Zur Edel Verlagsgruppe gehört unter anderem ZS mit seinen Lizenzmarken Dr. Oetker Verlag, Kochen & Genießen und Phaidon by ZS.

ZS - Ein Verlag der Edel Verlagsgruppe
www.zsverlag.de
www.facebook.com/zsverlag
www.instagram.com/zsverlag

FÜR DIE UMWELT

ZS unterstützt bei der Produktion dieses Buches das Projekt „Junge Riesen für die nächsten 100 Jahre" im Naturpark Nossentiner/Schwinzer Heide. Damit wird ein Anteil der unvermeidbaren CO_2-Emissionen im direkten Umfeld des Produktionsstandortes kompensiert.

PARTNER
Naturpark Nossentiner / Schwinzer Heide
www.optimal-media.com/naturschutzprojekt-001

NEWSLETTER

Ab sofort keine kulinarischen Trends mehr verpassen und gleichzeitig einen Kochkurs mit einem Spitzenkoch von ZS gewinnen?

Melden Sie sich jetzt beim ZS Newsletter an und bleiben über neue Bücher, Themenschwerpunkte und News immer informiert.

ANMELDEN!

Jetzt anmelden unter:
www.zsverlag.de/newsletter

GEWINNEN

Unter allen Neuabonnierenden verlosen wir jeden Monat 10 neue Bücher und jährlich einen Kochkurs mit einem Spitzenkoch von ZS.